做"刚刚好"的父母。

湖 岸
Hu'an *publications*®

湖岸
Hu'an

游戏养育

郑如安 刘秀菊 著

在游戏中发现孩子的天性与潜力

北京联合出版公司
Beijing United Publishing Co.,Ltd.

图书在版编目（CIP）数据

游戏养育：在游戏中发现孩子的天性与潜力 / 郑如安, 刘秀菊著. -- 北京：北京联合出版公司, 2021.3
ISBN 978-7-5596-5029-0

Ⅰ.①游… Ⅱ.①郑…②刘… Ⅲ.①游戏—儿童教育—家庭教育 Ⅳ.①G781

中国版本图书馆CIP数据核字(2021)第015337号

游戏养育：在游戏中发现孩子的天性与潜力

作　　者：郑如安　刘秀菊
绘　　者：起　立
出 品 人：赵红仕
选题策划：湖　岸
责任编辑：郭佳佳
特约编辑：张　静　张引弘
装帧设计：王柿原
内文制作：陆宣其
责任印制：刘玲玲

北京联合出版公司出版
(北京市西城区德外大街83号楼9层 100088)
北京联合天畅文化传播公司发行
北京华联印刷有限公司印刷　新华书店经销
字数96千字　880毫米×1240毫米　1/32　6.75印张
2021年3月第1版　2021年3月第1次印刷
ISBN 978-7-5596-5029-0
定价：56.00元

版权所有，侵权必究
未经许可，不得以任何方式复制或抄袭本书部分或全部内容
本书若有质量问题，请与本公司图书销售中心联系调换。电话：(010) 64258472-800

前 言

游戏是孩子最自然而原始的语言

很多人初次听到"游戏养育"都会有点好奇与疑惑！要谈游戏养育，必须先从心理咨询说起。心理咨询领域的发展从欧美国家开始，有非常多的流派、学派，基本都是以成人为主体，以儿童为主体的学派当属"游戏治疗"。

游戏治疗在家庭中应用的滥觞可以追溯到1909年，弗洛伊德教导小汉斯的父亲回到家在孩子呈现恐惧状态时如何进行反应从而成功治愈了小汉斯的恐惧症。后来到了1949年，有位名叫多萝西·巴鲁克（Dorothy Baruch）的咨询师更具体地给儿童个案中的父母教导了一些技巧，并建议他们在家中与孩子进行游戏，这不仅改善了孩子的问题也增进了亲子关系。

虽然如此，当时的心理咨询对家长接受基本游戏治疗技巧训练的模式还是有所迟疑，直到1964年，伯纳德·盖尔尼（Bernard Guerney）明确运用儿童中心游戏治疗学派的理论基础，发展小团体结构训练模式并将其命名为亲子游戏治疗（Filial Therapy）。此后，各种训练家长基本游戏治疗技巧的模式越来越多，甚至推广到父母之外的学校老师、保育员、保姆、爷爷奶奶等需要跟儿童接触的人。

严谨的研究结果及游戏治疗师的实践经验都证实，经过训练后的父母比之前更了解孩子们的需求。他们开始建立一种非评判式的、允许孩子自由表达的家庭气氛，了解游戏是孩子生命中的重要事件，并且对孩子所发出的情绪讯息更敏感，更能了解孩子并看到孩子行为背后的心理需求，而非只想消除孩子的不当行为。

近二十年间，游戏治疗在中国台湾发展了起来。它之所以会被关注，其实是因为"9·21"大地震。这次大地震之后，好多灾民需要做心理的修复和重建。心理辅导老师在帮助这些灾民的时候，对青少年以及成人都有办法，唯独对10岁以

游戏养育——在游戏中发现孩子的天性与潜力

下的孩子一筹莫展。他们无法带领那些孩子把内在的担心和害怕表达出来。这些专业人士想要教孩子们一些方法去表达,可是孩子们好像无法接收和领悟。在这样的背景下,游戏治疗被注意到了。心理辅导老师发现,孩子虽然没有办法用语言表达,可是他们一样是有感觉的。在玩玩具、画画、编故事的过程中,他们能够通过玩具、画、故事等媒介,把心中的担心、焦虑和害怕表达出来。

游戏治疗过去仅限于专业的游戏治疗室,由专业咨询师带领孩子进行每周一次的游戏单元。如果爸爸妈妈能够学习游戏治疗的理念与基本技巧,可以很熟练、很自然地运用在日常生活中,那便成了游戏养育,对孩子是很好的事。游戏养育与游戏治疗的关系可以这样来比喻,当一个人生病到医院动手术时,需要专业医师在专业的手术室进行,但手术后的居家照顾与保养,以及日常的锻炼与养生,就不需要专业的医师,也不限定在专业手术室中进行,而是有了基本的医疗常识之后,在生活中实践即可。而且如果我们平日的养生落实得好,就可以大大减少生病以及去医院的情况。从这个意义上来说,游戏养育的价值甚至高于游戏治疗。

我进入游戏治疗领域二十余年,《游戏养育——在游戏中发现孩子的天性与潜力》是我依据儿童中心游戏治疗(Child-centered play therapy)与结构式游戏治疗的理念,辅以我自己游戏治疗的实践经验所写的有关亲子养育的专著。书中的基本养育技巧对父母而言简单、易学,很容易应用在家庭生活中,可以说是一种"游戏治疗生活化"的实践。当父母熟练掌握这些技巧之后,效果甚至可比拟专业的游戏治疗师。

我是华人,在华人的家庭、学校、社会中成长,也是两个女儿的爸爸,担任过小学、中学、大学的老师。书里大部分例子都在还原华人日常生活中的情境,贴近父母的实际经验与需求。这是一本中国人写给中国孩子和家庭的书。

很多父母常会抱怨,如果孩子读书、写字像玩游戏那样认真就好了。孩子玩游戏认真确是事实,但同时孩子的学习与习惯养成很大程度上也是在所谓的"非正经事"——如游戏、起居等互动过程——中进行的。本书第一章就先介绍游戏对孩子的重要性，其实"游戏不只是游戏，玩具也不只是玩具"，**在玩耍中能发现孩子的天性和天赋。**

有时父母刚好空闲，孩子不吵不闹，但是当父母正忙着店里的生意或正在处理一些重要事情时，孩子反而要求父母帮他做些什么，让父母烦躁不已。有时一个玩具放在那儿，兄弟俩都不玩，但当一个人过去拿着玩时，另一个人也抢着要玩，然后兄弟俩就吵了起来。日常生活中经常发生类似的事情，很多父母百思不得其解。其实这跟孩子想要得到父母关注的**亲密需求**，或想要展现自己有能力、有主导性的**自主需求**有关。要想有效地处理这些生活事件，就必须先了解孩子的心理需求。

本书第二章介绍孩子的两个重要心理需求："亲密需求"与"自主需求"。孩子每个行为的动力来源都是这两个心理需求，父母如果能了解孩子行为的背后是想要亲密还是想要自主，或是两个都想要，也就能更有效地处理孩子造成的困扰，**听懂孩子没说出口的话。**

良好的口语与文字表达是人心智很成熟之后才会拥有的能力。必须通过一些技巧才能发现"隐藏的孩子"，接下来的第三至八章将通过理念的介绍引出游戏养育的具体技巧。有了对理念的了解，再配合具体技巧的学习，就能更好地进行游戏养育。其中，游戏养育特别根据心理学、咨询辅导的重要理论——依恋关系理论（一个能持续并稳定满足孩子生理、心理和社会三方面需求的互动关系，就可以满足孩子的亲密感并培养出一个具有安全感的孩子）——提出构建一个固定而有规律的"亲子时间"。这个亲子时间的构建可以说是建立优质亲子关系及培养一个自信、自尊且有责任心的孩子的基本条件，构建方法将在第三章中探讨。

第四至第八章重点介绍游戏养育的几个最基本技巧：
1. 认识与了解"追踪描述行为""提升自尊"的内涵与技巧，培养孩子的自信与自尊。
2. 认识与了解"反映情绪"的内涵与技巧，了解情绪的重要与复杂，学会反映孩子的情绪，从而有效地安抚孩子，并帮助孩子稳定情绪。
3. 认识与了解"反映内在"的内涵与技巧，更懂得孩子的内在想法，甚至是"弦外之音"。
4. 认识与了解"提供选择"的内涵与技巧，培养孩子自律、负责任。
5. 认识与了解"设限"的内涵与技巧，有效规范孩子的行为。

每个家长都很关注孩子的成长，但其实，为人父母同样是一种历练与成长。这几章的篇尾都设计了"观察与调整"的内容，期待能让每位父母在了解游戏养育的理念与技巧后，再通过这些"观察与调整"更好地观察自己，检视和调整自己的做法，以游戏养育的方式和孩子一起成长。

第九章结合讲述的理念和技巧，特别针对孩子成长过程中学习态度的转变，指出让孩子长期保持优异的关键。

最后，第十章摘录了一些父母、老师和咨询师在实际养育过程中的常见难题与我的建议。相信当你将前几章内容阅读过后，再看这些问题及解答，体会一定有别于未阅读本书之前。

让家长可以知道孩子哭闹与开心背后的真正原因，让不会表达的孩子心灵受到呵护与培育，这是我写本书的初衷，也是从业二十多年一直没变的信念。

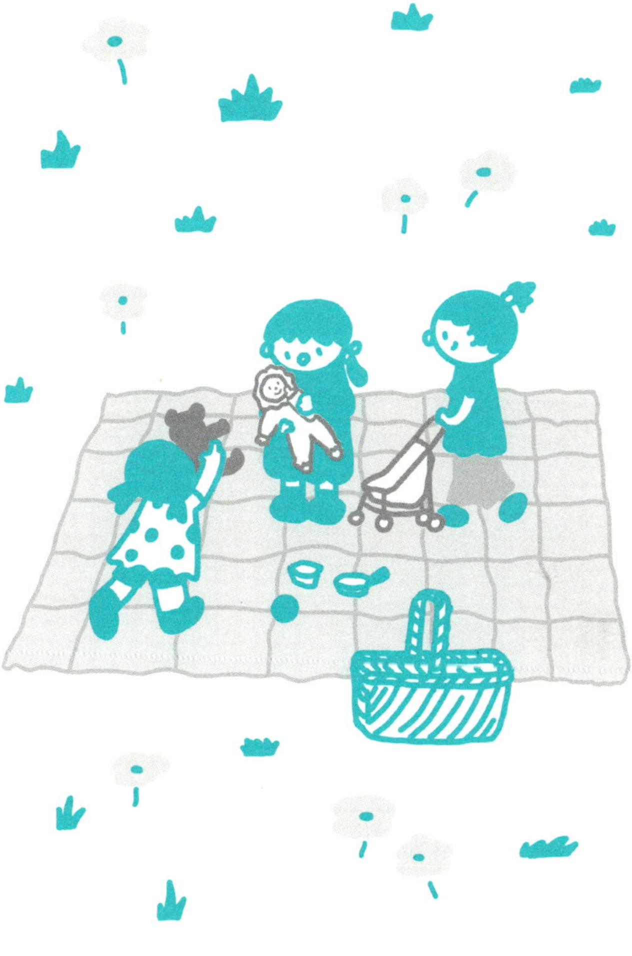

3 岁女儿给妈妈的祈愿

妈妈你看，我爬好高！
小心小心！快下来，这样会跌倒
我不会跌倒的！啊！好痛啊！
你看，妈妈不是叫你不要爬吗！

妈妈，我不管，我就是还要吃饼干
可是……好吧！只能再吃一包喔！
妈妈，我还想再吃！
可是……可是……

妈妈，你可以早点来接我吗？
宝贝，抱歉！妈妈还在忙呢！
因为，我想要你有更多时间陪我
宝贝，对不起！

妈妈，什么时候可以跟你一样是大人呢？
宝贝，大人的世界好复杂的！
长大不好吗？
妈妈希望你快快乐乐地长大
当大人不好吗？
我希望你不要有烦恼

哇！哇！……哇！哇！
宝贝！不哭！不哭！
哇！哇！……哇！哇！……哇！哇！
宝贝！不要哭！
哇！哇！……哇！哇！……哇！哇！哇！
我不是叫你不要哭吗？！不准哭！
哇！哇！！！！
你哭得妈妈好心烦、好心疼

妈妈，我知道你爱我
但不要怕我跌倒
如果我跌倒
你只要及时过来拥抱我、安慰我

妈妈，我知道你爱我
但不要宠坏我
如果我任性、耍脾气
你只要温和而坚定地告诉我"不可以"

妈妈，我知道你爱我
但不要自责你的忙碌
如果我要求你陪我
你只要给我一个固定且专注的陪伴时间

妈妈，我知道你爱我
但不要担心我成长时要面对挑战
如果我遇到挫折或失败
你只要紧紧地拥抱着我、安慰我
相信我，因为有你的爱与陪伴
我可以坚强地面对一切

妈妈，我知道你爱我
虽然我哭闹
但你无须过度担心与生气
我的哭闹是有原因的
只是我讲不出来
我的哭闹只是在告诉你
我要你温柔的拥抱
妈妈，也让我抱抱你

游戏养育——在游戏中发现孩子的天性与潜力

妈妈,你怎么了?你为什么掉眼泪?
没有啊!没有啊!这不是眼泪
妈妈,我知道你在伤心难过
没……有!
妈妈,你为了什么伤心难过呢?
因为……你还小,还不懂
妈妈,我不要你难过

妈妈,我知道你爱我
但不要因为我而委屈自己
只要有你满满的爱
我仍然可以健康快乐地长大
只要你能为自己而活
妈妈,我知道你爱我
即使只有你和我

妈妈,抱抱我
妈妈,也让我抱抱你
虽然只是拥抱与陪伴
但我们拥有满满的爱

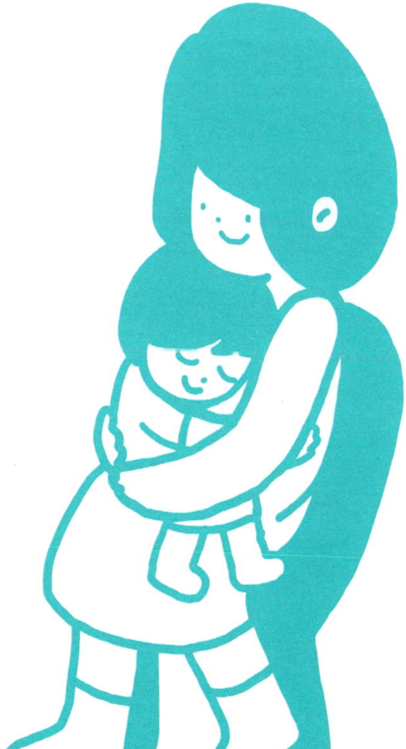

目 录

第一章　游戏养育——孩子天生就会"玩"

"游戏"是什么？ 2
建立自信从游戏开始 3
孩子的心事，都在游戏里 5
在游戏中放心地"讲"出心事 7
Tips：孩子的工作就是玩！父母要做的就是陪伴 10

第二章　两把钥匙——打开孩子的内心世界

避开雷区：10 种无效又有害的养育方式 17
倾听孩子：了解行为背后的心理需求 20
观察与调整 1：走近——关注孩子的心理需求 31
观察与调整 2：推开——忽略孩子的心理需求 32

第三章　专属的亲密时间——建立孩子的安全感

优质的亲子关系需要父母"在" 37
Tips：构建专属亲子时间，培养自信自尊的孩子 39

第四章　反映孩子的正向行为，提升孩子的自尊与自信

提醒孩子也是伤害孩子 47
具体反映孩子的正向行为 51
Tips：追踪描述行为，提升孩子自尊 61

XI

观察与调整：告别习惯的误区 　　　　　　　　　　65

第五章　反映孩子的情绪，让孩子学会情绪管理

为什么父母越干预，孩子脾气越不好？ 　　　　　　71
百分百接纳孩子的情绪 　　　　　　　　　　　　　73
反映孩子情绪的误区与关键 　　　　　　　　　　　77
5个步骤因应孩子的强烈情绪 　　　　　　　　　　81
Tips：反映孩子的情绪，让孩子感到被理解 　　　　84
观察与调整：父母做好情绪管理，才能缓解孩子情绪　87

第六章　反映孩子的内在，让孩子了解自己

初阶：停，看，听 　　　　　　　　　　　　　　　91
进阶：聆听弦外之音 　　　　　　　　　　　　　　95
助攻：利用情绪脸谱表达深层情绪 　　　　　　　　98
Tips：反映孩子内在，了解行为背后的动机 　　　　101
观察与调整：孩子最不敢说的10件事 　　　　　　104

第七章　提供选择的机会，帮助孩子学会负责任

退缩的孩子 　　　　　　　　　　　　　　　　　　109
选择——改变退缩的利器 　　　　　　　　　　　　115
Tips1：将属于孩子的责任还给孩子 　　　　　　　121
Tips2：运用语言提升孩子的自尊自信与责任心 　　124

第八章　为孩子的行为设限，促成孩子自我规范

界限：尊重与规范的平衡点 　　　　　　　　　　　129

如何有效地为孩子的行为设限？	135
Tips：传达了解、接纳和责任，帮孩子表达欲望和需求	141
观察与调整：明确自己的底线，才能温和而坚定地设限	143

第九章　结语：孩子优异的长久之道

学习态度的转变	147
努力的过程比好的结果更需要被回应	147
通过选择激发孩子的内在动力	148
观察与调整：孩子过度追求成果吗？	150

第十章　困境与解惑

情绪篇

1. 怕黑	152
2. 掌控欲强	154
3. 不能面对父母离异	156
4. 不敢尝试新事物	158
5. 不愿结束游戏	161

习惯篇

6. 不收拾玩具	163
7. 沉迷电子产品	165
8. 没有礼貌	166

手足篇

9. 哥哥吃弟弟的醋	168
10. 两兄弟打架	170
11. 姐弟争抢玩具	172

教育篇

12. 要不要让孩子学才艺？	173

| 13. 抗拒上学 | 175 |
| 14. 班上的捣蛋学生 | 176 |

青春期篇

15. 脾气暴躁	178
16. 亲近朋友，疏远父母	179
17. 给青春期的孩子设限	181

父母篇

18. 工作与陪伴孩子的两难	182
19. 忍不住口出恶言	183
20. 常以"打岔"转移孩子注意力	185
21. 零用钱	186

实践分享

| 二胎家庭中的争宠 | 189 |
| 患多动症的儿子 | 192 |

第一章

游戏养育——孩子天生就会"玩"

游戏养育——在游戏中发现孩子的天性与潜力

第一章 游戏不只是游戏，玩具也不只是玩具。

"游戏养育"是一个很有趣也颇吸引人的概念。初次接触游戏养育的爸爸妈妈常常会问："游戏"为什么会有效果？"游戏"为何能让孩子更有自信和自发性？也常常有人质疑："游戏"不就是玩乐吗？"玩乐"，孩子当然喜欢，但是做事情、写作业就不是游戏了，一点也不好玩，这时还能进行游戏养育吗？

✦ "游戏"是什么？

首先，游戏养育所谈的"游戏"不是指手机游戏、电脑游戏等电子游戏。孩子在玩这类游戏时，可以独自一个人玩，完全不跟周遭的任何人互动，甚至不期待有人跟他一起玩。我们时常会在餐厅看到，孩子人手一部手机就不吵不闹了，但同时也没有了交流互动。这类游戏不仅没有提供孩子人际交流互动的机会，还让孩子成为一个被动的接受者。孩子不需要表达内在的感受与想法，玩的过程也无法促进孩子肢体协调能力的发展，因为，整个过程只用到了手指。这是非常糟糕的！每位爸爸妈妈对孩子玩这类游戏都要有所限制。

游戏养育所倡导及鼓励的游戏范围很广泛，只要过程需要或可以有交流互动，或是可以促进沟通表达都可以说是"游戏"。玩玩具、画图、玩乐高、玩拼图等游戏的过程可以让孩子通过玩具等媒介展现自己的能力。即使是孩子一个人在进行这类游戏，过程中别人也是可以参与的，可以根据孩子的作品与他进行交流互动，例如与孩子分享他刚才一个人画的图。跟大人、手足、同学一起打球、下棋、进行团康活动等也是游戏,这些游戏的过程就是在交流互动,而且动态的活动还能促进孩子肢体协调性的发展。

简而言之,具有下述三个特性之一的活动,就是游戏养育中所谓的"游戏":

1. 让孩子有机会表达内在感受、想法或展现能力。
2. 可以促进孩子与他人交流互动。
3. 有助于孩子身体发展。

由此可知,孩子生活中的点点滴滴几乎都是"游戏"。毕竟训练孩子如厕、走路、读书、写字等,都有交流互动。因此,游戏养育所谈的"游戏",是一个隐喻、一个象征。我们不认为游戏仅仅是一种玩乐,而是深深地认为:

"游戏"展现孩子的自我优势,培养孩子的自信与自尊。
"游戏"让孩子的情绪充分表露,让孩子完全可以行使自己的意志。

✦ 建立自信从游戏开始

试想一下,若要在工作之余选择做一件事情或从事一项活动,你会选择什么?唱歌、打球、运动,还是看书、看电影?不同的人可能有不同的选择,但无论选择什么,都一定是会让自己放松、开心,能扩展人际关系或是找到成就感的。更重要的是,这个事情或活动是自己愿意且喜欢的,甚至就是兴趣与专长所在,从事这些事情或活动有助于身心的调整与优化。

同理,孩子在做完作业之后,最喜欢做的事情是什么?大多数爸爸妈妈都会说那一定是"游戏"。其实,孩子的"游戏"跟你投身的活动有着同样的功效!每个孩子都有自己的特质,有的爱玩积木,有的爱玩黏土,有的爱玩剪纸,有的要去打

游戏养育——在游戏中发现孩子的天性与潜力

球、跑步,有的爱看故事书……选择玩什么游戏也展现出了孩子的优势。

然而,当孩子一个人玩游戏时,游戏就只是游戏。可如果爸爸妈妈学会游戏养育的基本态度与方法并陪着孩子一起玩游戏,那游戏就不只是游戏了。此时的"游戏"就是在**展现孩子的自我优势**,就是在**培养孩子的自信与自尊**。

小明上幼儿园时学会了踢毽子,每天爸爸一回到家,小明就要求爸爸一定要看他表演踢毽子。
"爸爸!你赶紧坐下来,看,今天我已经可以连着踢10下了!"
于是爸爸专注地花了5~10分钟看孩子踢毽子。
一段时间下来,爸爸发现过去小明有时会嚷嚷不想上学的现象完全没有了,而且变得很喜欢上学。
爸爸还发现小明不仅喜欢踢毽子,也变得更有自信,更愿意尝试新的事物。
"爸爸!你看我厉不厉害!"
"这个我会,我要试试!"

小芳是一年级的新生,她个性温和善良,但较为内向。由于上学之前是由乡下外公外婆照顾,没有进过幼儿园,因此她对学校的一切都很陌生。
上学的第一周,老师指定小芳上台念课文,小芳因为念得磕磕巴巴而遭到同学讥笑,她觉得好丢脸!自此,小芳开始对学习感到焦虑不安,甚至有些恐惧上学。
妈妈学习游戏养育后,开始固定地陪小芳玩游戏。她们一起玩角色扮演的游戏,小芳有时扮有爱心的老师,请妈妈当学生,有时扮上台说故事的小朋友,妈妈当听众,小芳玩得不亦乐乎。游戏中妈妈不断地肯定小芳的故事说得好听,也称赞小芳会安慰动作慢的小朋友,是个温柔、有爱心的好老师。妈妈还分享了自己小时候上学时的故事,原来妈妈也曾经有过和小芳一样的经历。
小芳变得开心多了,开始愿意和妈妈一起念课文、学拼音,也愿意一起复习功课。小芳不再觉得丢脸,上学变成一件轻松愉快的事了!

各位爸爸妈妈,平日对孩子的学习及成绩提出要求是应该的,但当孩子做完作业或完成你要求的事情,说他要去玩的时候,也请你暂时放下手上的事情,好好欣赏孩子玩的游戏。因为这些游戏跟孩子的特质、优势有关,并且孩子玩的游戏内容,如游戏人物的表达、游戏过程的剧情变化等,可以帮助我们了解孩子的情绪与想法。

✦ 孩子的心事,都在游戏里

每个孩子都爱玩,他们的大部分时间都花在游戏上。其实游戏是孩子最自然、原始的语言,他们除了在游戏中得到乐趣,在游戏中学习,在游戏中表达梦想和创造力,还会在游戏中表达内在的想法与情绪。

其实,**孩子是敏感的观察者,却是糟糕的表达者**。由于认知能力尚未发展完全,他们缺乏抽象思考与表达能力,生活中发生的事件越是严重、越是困扰、越是伤害,孩子就越是难以用口语表达。只要试着花一点时间观察孩子的自发性游戏,就会发现他们可能无法精准地用语言来表达挫折、愤怒,却常常能通过游戏玩出他们的挫败感和压力。

以角色扮演游戏为例,孩子通过这样的游戏过程,呈现他感知到的世界,也玩出许多在现实生活中无法满足或完成的梦想。小男生扮演警察、超人或大力士,拿着精良的武器拯救世界,这样的游戏过程满足了这位小男生的好多幻想,也让他感受到自己是个有能力的人。小女生扮演妈妈,给小婴儿煮很多食物,一边煮,一边说些她在生活中听到的话:"要乖,不可以挑食,爸爸会生气的。"……

> 一个即将住院动手术的小朋友在玩游戏,游戏的主题是一个小朋友要动手术。他将一些诊疗、治疗的医疗玩具拿出来玩。有意思的是,玩到要动手术的游戏环节时,他设想突然发生地震,导致医院停电,所以手术必须暂时取消。他将医疗器材及即将动手术的小朋友玩具收了起来。
>
> 没多久,他又玩了第二次。这一次要动手术前,台风来了,同样没有办法动

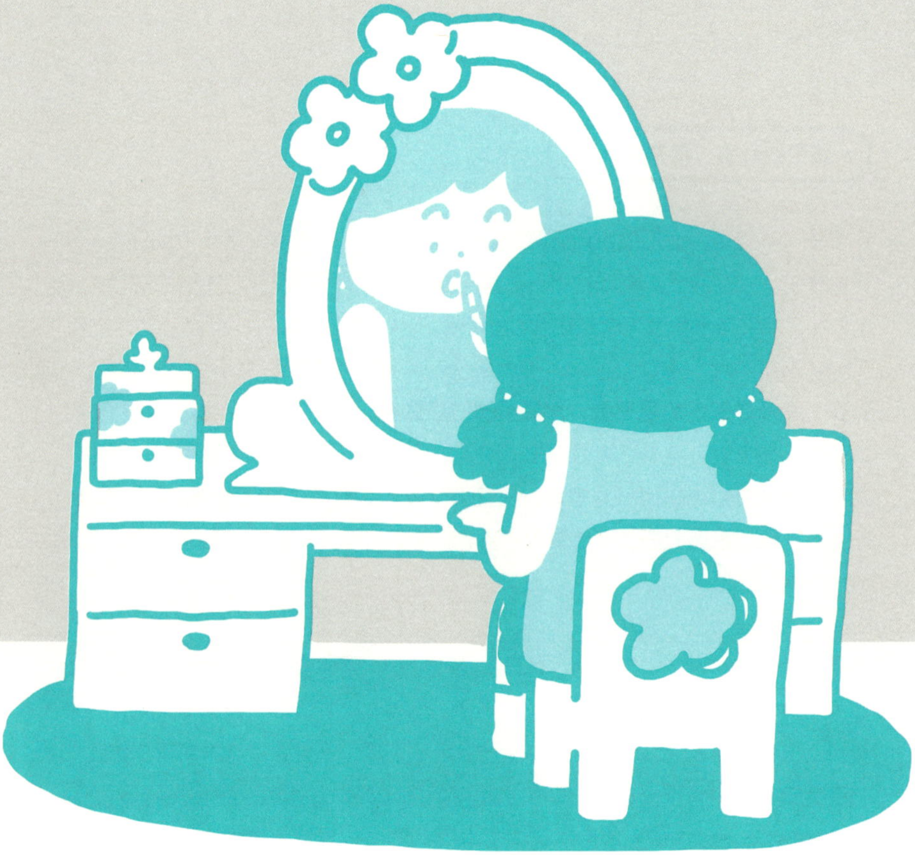

手术！

第三次则是主刀的医生遇到堵车，来不及赶到医院，所以也没办法动手术。

通过这三次的游戏内容，孩子已经把他内心的渴望、期待以及担心、焦虑表达出来了。

照顾娃娃的游戏，可能呈现她被照顾的经历，也可能玩出她内心的期待。

孩子玩化妆游戏，很有可能是在模仿她平日看到妈妈化妆的过程。

在一个友善、接纳又有足够多元的玩具及其他媒介的情境下，孩子就会被自己内在的需求所引领，玩出各种不同主题的游戏。通过孩子自发的游戏，我们可以了解孩子所感知到的世界，所认同的事物，或是孩子生命中对他影响很大的事件，如父母离婚、亲人过世、目睹家暴等等。

总之，孩子游戏的过程是非常重要且有意义的。**孩子靠游戏表达情绪，靠游戏表达思想，靠游戏描述他生命中的一些重要经验。**爸爸妈妈可以通过"游戏"让孩子充分地表达他内在的情绪与想法，进而了解孩子的内心世界。

✦ 在游戏中放心地"讲"出心事

游戏有一个特殊之处：

因为是游戏，所以孩子可以不受威胁地表达心中负面的经验与情绪。

大家都听过孩子说"我是闹着玩儿的"，尤其当孩子说了或做了不被接受的事情时，经常会以"我是闹着玩儿的"这句话来当借口。其实这是一个很重要的心理动力机制，**因为是闹着玩儿的，所以不要当真；因为是闹着玩儿的，所以比较没关系。**孩子在游戏过程中也是在玩儿，所以可以比较放松地投射或表达出生命中的负向经验。此外，像玩玩具、画图、编故事或演戏等活动都是通过布偶或其他媒介来表达，孩子不是直接地讲出自身的经历或负向情绪，比较不容易感受到威胁及压力。

就像大人如果要咨询一些较难启齿的个人问题，也常常会以"我有一个朋友……"的方式开口。之所以这么说，就是为了避免太难堪或太有压力。同理而言，孩子通过游戏更容易表达他们生命中一些很难开口的经历或情绪。

  一个有情绪困扰的孩子运用黏土创作出来一件作品，他将它取名为"爆发的火山"。从这个作品的名称及内容，就大概可以推测出愤怒、生气可能是他生活中常出现的一些情绪。平时他可能很难表达出来，但因为是在玩黏土，所以可以尽情地搓、揉、压、捏，安全且放心地表达心中的愤怒。

  更有趣的是，在孩子通过游戏充分地表达情绪的过程中，他也在学习自我掌控。你看他将这些黏土掌控得多么有秩序！这个过程对孩子而言很具有治疗效果。

  有一次我应邀到外地开游戏养育的工作坊，主办方来接我时，车上坐了三个小朋友。其中一个年龄最小——大概三岁多——的小女生，看到有客人上车，显得非常兴奋，然后就跟旁边的一位小男生说：

"等一下我们来玩游戏！"

"好啊！那玩什么呢？"小男生说。

"我们来玩吵架的游戏！"小女生开心地回答。

  我当时听了很惊讶，这么清秀可爱的小女生为什么要玩吵架的游戏呢？我不由得想，是不是她的家庭经常出现这样的现象呢？！

  如果有机会看到这个小女生玩的吵架游戏的内容，就会对她有更多的了解，甚至可以了解"吵架"对这小女生有哪些影响。

因为是游戏，是玩耍，请爸爸妈妈不要太严肃，不要指导孩子玩什么、怎么玩，容许孩子在**可以完全行使自己的意志**的情境下玩游戏，你只要在一旁欣赏，并对孩子做得不错的地方给予反馈就可以了。

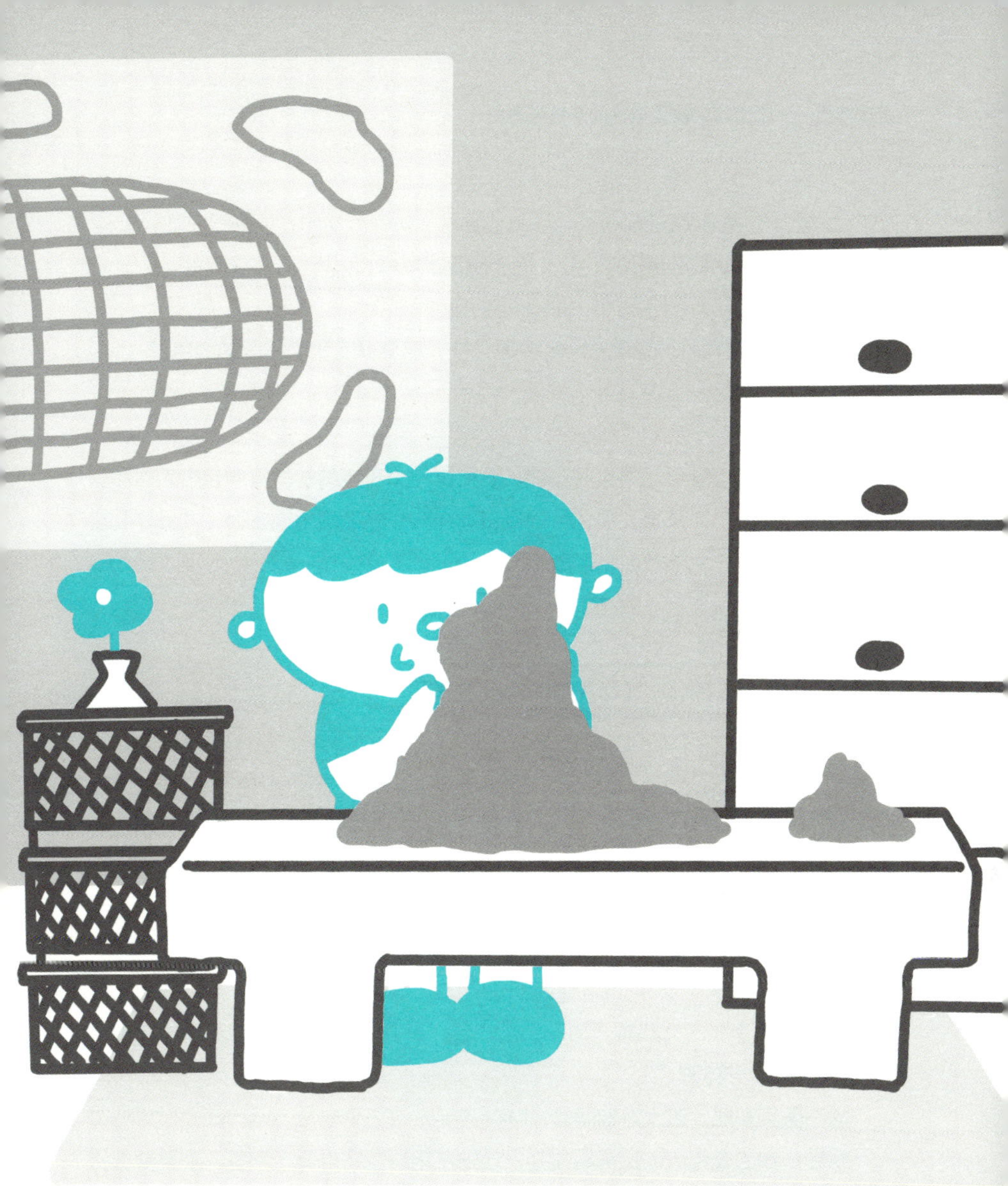

"你好开心完成了拼图！"
"你很专心地用这些积木搭出了一个城堡。"
"你画了一棵树、一朵小花和两只小白兔。"
"你想知道将两种颜色混在一起会怎么样，结果就变出了不同的颜色。"
……

简而言之，爸爸妈妈可以通过游戏给孩子提供一个**在接纳的气氛中自由表达和探索的机会**，让孩子自然地发展优势，自然地纾解心中的情绪或压力，并且学会自我掌控。这样孩子会越来越有自信与自尊。

> Tips
> ✦ 孩子的工作就是玩！父母要做的就是陪伴

儿童心理学家皮亚杰说："孩子的工作就是玩！"多经典的一句话。"玩"，或者说游戏，对孩子而言真的很重要。"玩"不仅可以让人学习与成长，还可以纾解一个人的情绪，让人有满满的能量投入工作与生活。只是我们要如何跟孩子"玩"，才能玩出这些效果呢？以下是一个游戏养育工作坊的学员将所学应用在孩子身上后的反馈。

前几天和 9 岁的女儿聊天时，突然兴起，就问了她："你觉得妈妈学了游戏养育后，有不一样吗？"

她不假思索地、超大声地回答："有！"

我想，我的变化应该是很明显吧，让她不用想就可以马上回答，而且那么肯定。我也想知道女儿观察到了什么，就再问她："哪里不一样了？"

她直截了当地告诉我："妈妈，你没有那么凶了。"

"还有呢？"

"啊，小的事情，都让我自己做决定。"

"还有没有呢？"

"就是会看着我玩！"

第一章 游戏养育——孩子天生就会"玩"

以上一段很简短的母女对话,已经道出结构式游戏治疗及游戏养育所强调的**爸爸妈妈要如何陪孩子"玩"**的内涵。

"妈妈,你没有那么凶了":请以平稳的心情陪孩子玩。既然是游戏,既然是玩,就请爸爸妈妈放松心情地陪孩子玩吧!你的心情越是放松,陪伴的效果就越好。

"啊,小的事情,都让我自己做决定":在陪伴的过程中,尽量不要指导,也不要暗示,就让孩子自己来吧!有机会自己做决定,对孩子而言是一个很重要的学习经验,也可以让他的成就感得到满足。当你提供更多的机会让孩子自行决定,就会发现他越来越自信、越来越主动。

"就是会看着我玩":"看着我玩"是一个很重要的概念。首先要澄清的是,爸爸妈妈在"看"着孩子玩的过程中,如果不断地提醒、纠正、指导,那会烙印孩子的低自尊。这种"看"的方式会让孩子很讨厌爸爸妈妈在旁边看着他玩,有的甚至不要爸爸妈妈在旁边。

其实,没有提醒、纠正、指导的"看"也有不同层次的内涵:

1. 很多爸爸妈妈带孩子到公园玩时,自己在椅子上滑手机或跟其他爸爸妈妈聊天,偶尔抬头看看孩子玩游乐器材。这时候的"看",只是在注意孩子的安全。

2. 有的爸爸妈妈也会说,孩子经常在客厅玩乐高(或其他玩具),他们如果有空就会坐在旁边看着他玩,孩子有时遇到困难也会向他们求助。这时候的"看"跟孩子是有联结的,但却是被动的联结。

3. 最高层次的"看",是要在跟孩子互动时做到具体地说出孩子的正向行为,也就是要具体且明确地描述出行为的过程,而非仅仅是结果式的赞美。这样的陪伴才能满足孩子的亲密需求,才能玩出孩子的自信与自尊。

在了解了不同层次的"看"之后,在此要特别澄清,不是随时随地都要做到最高层次的"看",因为这太强人所难,也不切实际。而且让孩子能有机会一个人玩也是很重要的,爸爸妈妈有时也需要休息或做一些自己的事情。如果爸爸妈妈能在与孩子互动时,经常做到最高层次的"看",久而久之,孩子当然就会喜欢爸爸妈妈看着他玩,甚至喜欢爸爸妈妈陪他做任何事情。

第二章

两把钥匙
——打开孩子的内心世界

第二章 既要满足孩子的亲密需求，又要让他有足够的自主性。

小霸读小学三年级，爸爸妈妈对他很头痛，不知如何管教。

据妈妈描述，小霸3岁开始，幼儿园老师就不断反映他不遵守纪律、与老师顶嘴。7岁上小学后，不守纪律、学习成绩差、和同学相处不好……问题层出不穷。

据班主任老师描述，小霸经常我行我素，不服从老师的指导，还会顶嘴。学校组织扫雪、堆雪人，小霸一个劲儿往雪堆里钻，老师要求不要往里面钻，小霸仍然不听，最后衣服、裤子都湿透了，被老师赶回家。小霸也因为无法服从老师的指导，不被允许参加运动会。

小霸在学校的状态是这样的：上课不拿书，不写题，作业有时候在家写完了也不交。甚至上课就睡觉，只盼着吃午饭。老师、校长的激励或惩罚都基本不起作用，充其量也只是偶尔会有一次性的微小作用。

爸爸妈妈都承认孩子很多方面的表现都和自己的期望有很大差距，并且他们对孩子的管教就是不断地要求、批评、指责。小霸也表示自己在学校坐在单独的位置，天天受指责、批评、处罚。

小霸才读小学三年级，他目前在学校的状态，可以说是自我放弃了。为什么一位小学三年的孩子就已经自我放弃了呢？小霸从3岁开始就不断地被指责、处罚，但他的行为并不见改善，可见指责、处罚对小霸而言就是无效的管教方式。如果这些无效的管教方式一直持续下去，孩子的问题就会越来越严重。

在结构式游戏治疗过程中进行"语句完成测验"时，小霸展现出的内在是：

学校生活很单调,没有朋友。
老师严格,经常被老师打。
内心恐惧孤单,没有安全感。
认为自己是一个无能的人。
内心渴望被肯定、赞美。

养育是一门大学问,因为我们面对的是一个一直在成长、一直在变化的生命。也正因如此,养育孩子让我们的生命更丰富、更多姿多彩,但这些丰富与多姿多彩需要我们去经营。

成为父母常会遇到各种挑战,其中一个便是:孩子为什么会出现让我们无法接受甚至生气的行为呢?孩子不是最可爱的吗?!是的,孩子是可爱的,但孩子也是需要被了解的!

很多家长不解:当小孩表现出不被允许或不被接受的行为时,常常会换来大人们的提醒、责骂、训诫甚至处罚,被责骂、处罚之后理当不会再出现这种所谓的"负向行为",但为什么孩子还是经常出现那些"负向行为"呢?

爸爸妈妈经常有类似的经历,叫孩子吃饭吃快一点,叫他赶紧去洗澡,催促他走路快一点,可是孩子的行为并没有因为提醒而变得符合期待。若是孩子有更严重的偷窃、说谎、打人、不写作业、翘课等行为,可能会遭受更严厉的责骂或处罚,但怎么还是不见孩子改正呢?!

其实任何养育方法都要建立在对孩子的了解之上,如果无法了解孩子的心理需求,只针对孩子的行为做处理,有时不仅没有效果,还会适得其反。民间有句话"棍棒底下出孝子",游戏养育并不赞成这种方式,不仅无助于纠正孩子的行为,还会对孩子造成伤害。

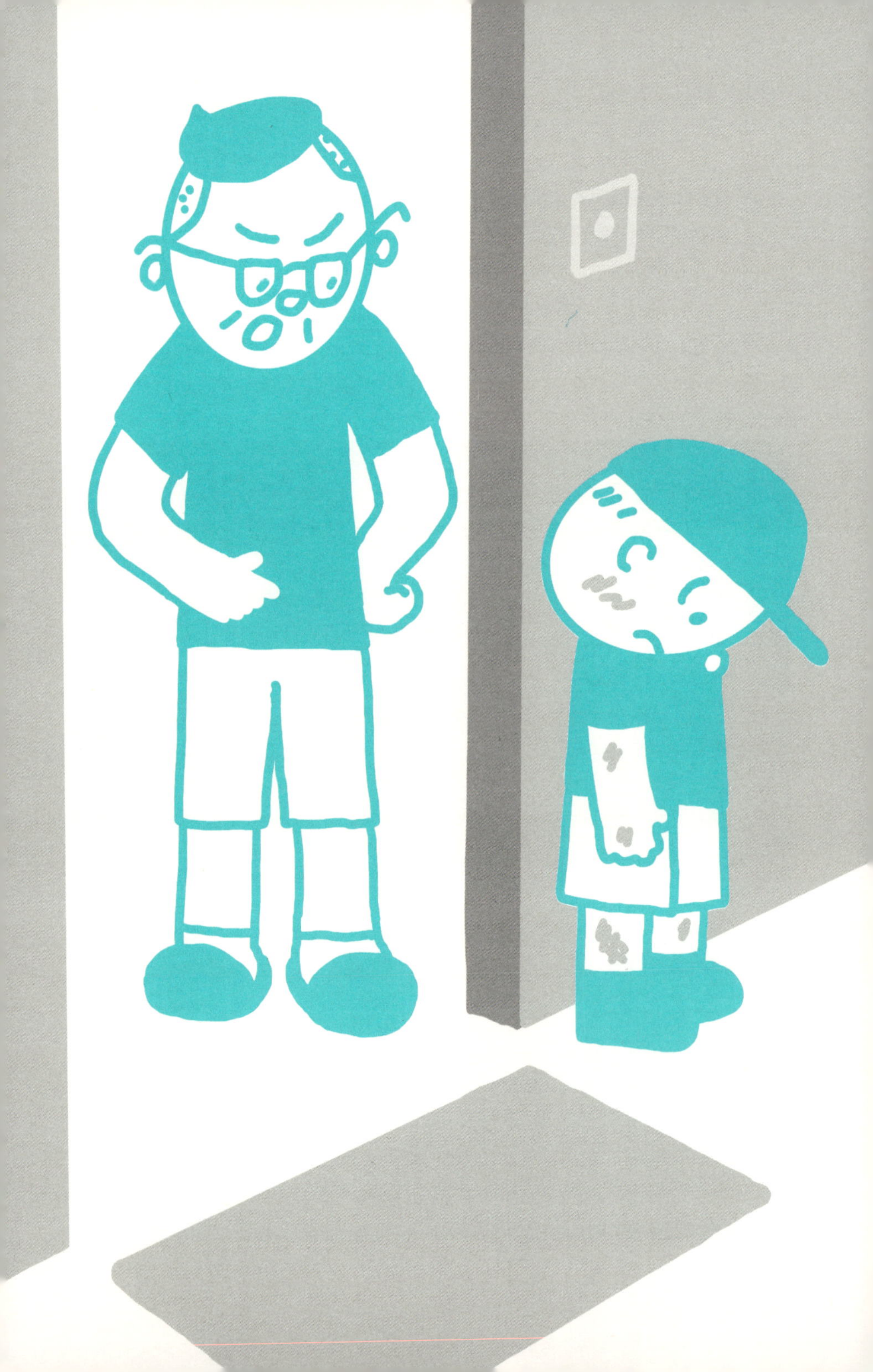

✦ 避开雷区：10种无效又有害的养育方式

孩子有不良的生活小习惯或严重的偏差行为，这种现象或多或少地存在于每个家庭中。如果我们发现针对孩子某个小毛病或偏差行为的提醒或处罚超过三次都不见效，那么首先要做的就是停止使用那些无效的管教方法！因为如果我们的"提醒、责骂、训诫甚至处罚"有效，这些小毛病或偏差行为早就改正了。**当管教超过三次还无效时，继续提醒、责骂、训诫甚至处罚，就会变成在"注意"以及"强化"孩子的那些"负向行为"**。久而久之，这些负面的评价可能会内化为孩子负向的自我概念，那对孩子将会有很大的负面影响。

小学一年级的小明每次写作业时，写3～5分钟就开始东摸西看，不然就是起身上厕所、喝水。总之，10分钟可以完成的作业，他经常写了30分钟也写不完。

妈妈常常一边忙家务，一边不忘提醒孩子要专心写作业，还曾试着用提供奖品的方式鼓励孩子。

"小明，你今天如果20分钟内写完作业，就可以多看一集你喜欢的动画片哟。"

有时候，看到孩子依然没有专心，妈妈便会开始大吼：

"小明，不要再玩橡皮擦了，专心写作业！"

"不准喝水，写完作业才可以喝！"

……

小齐原本是一位害羞内向的小男生，但读初中后性情大变，翘课、打架、滋事样样都来。为什么会变得如此糟糕呢？是什么让他有如此严重的行为问题，成为全校最令人头痛的学生呢？他真的那么坏吗？

在辅导过程中，我想对他的内在有更深一层的了解与认识，便在某次见面时采用"语句完成"活动，邀请小齐填写一些句子。他填完之后，我清楚地感受到无效的管教方式对孩子会有多么严重的伤害。

小齐针对某几题填写的内容呈现如下：

在家里容易被骂。

> 我最讨厌的莫过于被别人误会或责骂。
> 我希望我可以停止想离家出走的心理。
> 我父亲从没想过我的感受，只会骂人、啰唆，这样只会让我更叛逆。
> 我觉得弟弟要好好读书，不然每次他被骂，都会牵连到我。
> 使我生气的是父亲骂人时的语气。

不难发现小齐性情大变的一个重要原因就是父亲一直用无效的管教方式，即不断地用打骂的方式管教小齐。

无效的管教方式并不是只有打跟骂，以下列举了常见的 10 种最有可能变成既无效又有伤害性的养育方式。

1. 打：让孩子身体疼痛，例如用棍子打孩子、罚站、罚跪等。

2. 骂：用有损孩子自尊、自信的言辞攻击孩子。

> 你真是没用！
> 你就是笨！

3. 比较：经常拿孩子跟别人做比较，在这种比较中，孩子总是输人一截，不够好。

> 你看隔壁的阿雄，人家又考了第二名！
> 你能不能学姐姐在学习上多用点心，不要让我操心！

4. 提醒或讲道理：提醒本身并没有什么不好，但当爸爸妈妈很针对性地提醒孩子时，就是在伤害孩子的自尊与自信。

> 你不要像上次一样，不看路就跑过去！
> 你写完考卷要检查，不要又漏写了一大题！

5. 讽刺：间接地指责孩子。

> 你要是能考 90 分，那全班都要考 95 或 100 分了！
> 难得这次没有被投诉，是不是老师生病了没去学校？！

6. 拒绝：心理上的拒绝。

> 我不爱你了！
> 走开，你去当别人家的孩子！
> 你走啊！出去当流浪狗啊！

7. 讨好：使用类似赞美、提供物质、表达在乎等方式，期待孩子听话或配合。

> 小明最乖了，赶紧去写作业！
> 你只要赶紧把作业写完，妈妈就带你去吃冰激凌！

8. 诉苦：诉诸悲情，要孩子感受、同情爸爸妈妈的辛苦。

> 你看爸爸工作多辛苦，你要认真读书才对得起爸爸！
> 妈妈每天帮你洗衣服、做饭，还要赚钱供你读书、买东西，你要听话！

9. 埋怨：嫌弃或抱怨孩子做得还不够好，挑孩子的毛病。

> 你看你就是不够细心，如果再细心一点不就前三名了？！
> 你看你都这么大了还不懂事，还要我说你！

10. 漠视：忽略或不理会孩子的感受，即使孩子很努力地想得到爸爸妈妈的关注。最严重的就是不管孩子表现得好或坏，爸爸妈妈都视而不见，表现为言辞及行为上的漠视。

有什么了不起的!
这有什么好高兴的!
这有什么好生气的!
这有什么好难过的!

爸爸妈妈可以反思自己是否一直在使用无效的管教方式,如果有就需要赶紧停止。这些无效的管教方式不仅会破坏亲子关系,也会损害孩子的自尊与自信。

那当孩子出现负向行为时又该如何管教呢?爸爸妈妈可以察觉一下,自己是否很容易看到孩子的负向行为,却没能感受到孩子内在的需求或渴望。如果我们能看到孩子内在的需求或渴望,或许就可以让孩子感受到被了解,孩子也就更愿意改变他的行为。

✦ 倾听孩子:了解行为背后的心理需求

在日常生活中,我们与孩子互动的基本原则就是注意孩子的"正向行为"。但如果孩子经常出现一些严重的情绪或行为困扰,如严重赖皮、易怒、大声哭闹、咬指甲、不写作业等等,我们可能就无法去注意孩子的正向行为了。此时,爸爸妈妈可能要深入地思考:**孩子那些不断重复出现的、让你困扰的行为背后,可能有哪些心理需求?** 孩子的每个行为背后都有他的动机。当这些动机被了解、被满足时,不仅孩子的情绪或行为困扰会得到缓解,亲子关系也会变得更好,孩子还会因此成长。

基于多年的儿童工作经验,我将孩子的心理需求归纳为"亲密"与"自主"两大需求。孩子的所有行为,不管被接受还是不被接受,其实都是想从爸爸妈妈那里满足这两个心理需求。

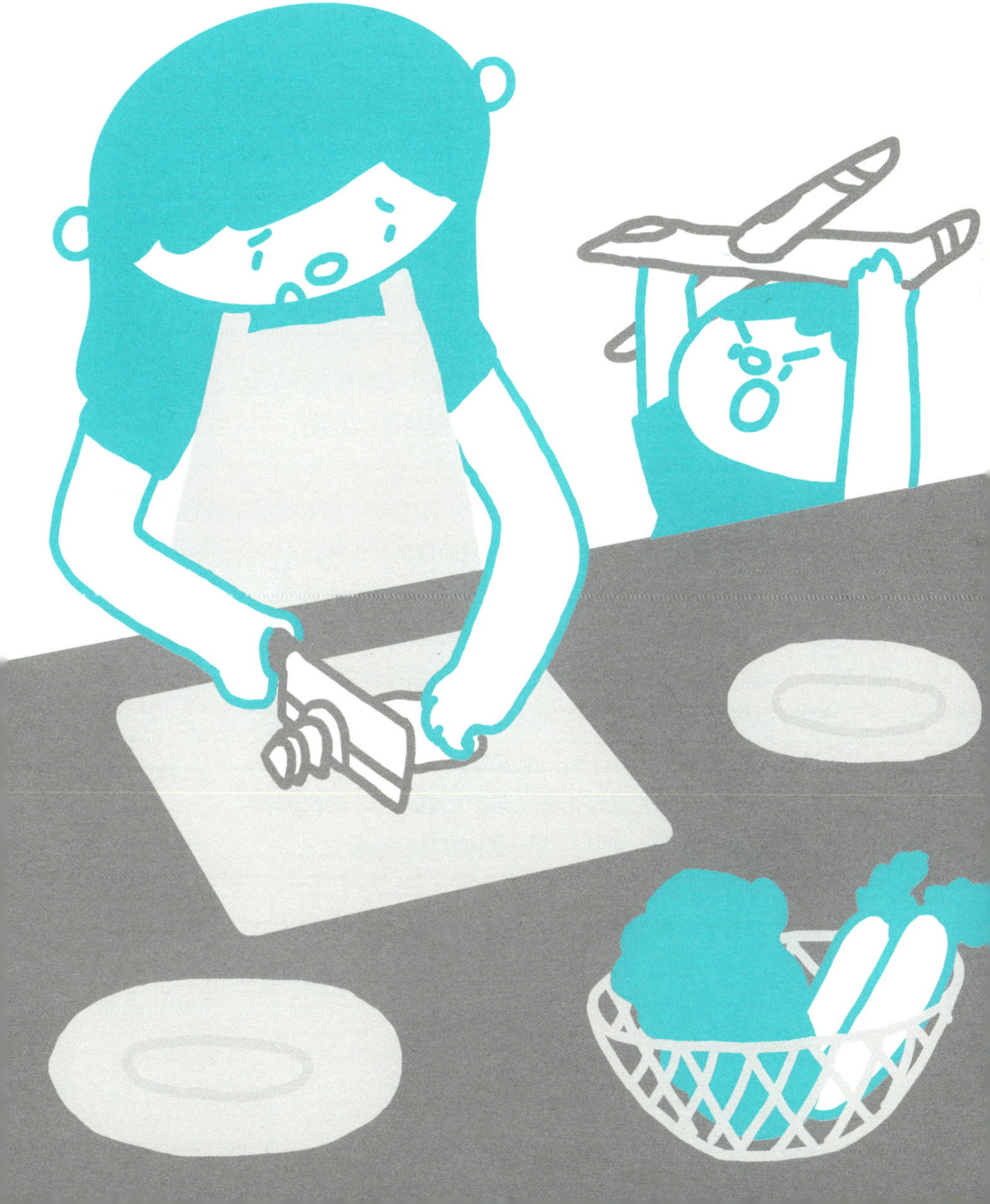

· 亲密需求：安全感建立的基础

亲密需求就是对被呵护、被照顾、被看到、被注意的需求。

> "妈妈你看，这是我做的！"
> 妈妈忙着自己的事情，无暇回应孩子。
> "妈妈你看啊！"
> 妈妈仍忙着自己的事情，没回应孩子。
> "妈妈你都不爱我！"孩子生气地说。
> "怎么会！妈妈很爱你啊！"妈妈这时总算放下手边的事情，紧张地对孩子澄清。
> "才不是！"孩子还是不大高兴。
> "那你告诉妈妈，为什么觉得妈妈不爱你？"妈妈看着孩子问。
> "因为你都不看我！"孩子总算把心中的委屈说了出来。

> 小语看到桌上有一包棉花糖，旁边还有一支竹签。想吃烤棉花糖的她，便拿起竹签要把棉花糖串起来，但试了一下，没能成功。这时我走到小语身旁。
> "哇，这棉花糖看起来好好吃啊！"我看着小语说。
> "对呀！阿姨，你看这个要用竹签插起来，去烤一烤，很好吃的！"小语说着说着，又动手拿竹签，另一只手隔着包装袋按住棉花糖。
> "竹签已经穿过去一点点了！"我看着小语说。
> "哇！已经快穿到另一头了！"我继续。
> "我已经很用力了，可是棉花糖好难穿过去啊。"小语有点沮丧。
> "你看你又穿过去了一点点。"我一直持续地回应着。
> 小语终于穿过去了。
> "哇，穿过去了！真是太棒啦！"我带着兴奋的语调说道。
> 小语拿着穿好的棉花糖开心地向我展示，之后就将棉花糖拿去烤。

因为"竹签已经穿过去一点点了！""哇！已经快穿到另一头了！"这样的反映，

让孩子觉得被看到、被注意到,她也就愿意继续努力地用竹签穿过棉花糖,并且最后很开心地展示她努力的成果。

正向的亲密需求是被滋养、被照顾,但是这一需求往往没有得到满足。于是孩子有时为了被看到、被注意,就会转而用负向行为换来责骂与处罚,以满足他的亲密需求。即便是被责骂、被处罚,但至少孩子感觉自己被看到、被注意到了!也就是,孩子为了满足亲密需求,在得不到正向的关注时,他会转而用负向的行为来赢得爸爸妈妈的关注!

> 小明 3 岁,一个人乖乖地吃早餐,妈妈忙着照顾未满一岁的弟弟。接下来,小明吃饱了,一个人不知道做什么。
> "妈妈!你来陪我玩!"
> 妈妈忙着照顾弟弟,没能理会小明。
> "妈妈!你来陪我玩!!"声音开始变大了。
> 妈妈仍然没有理会小明。
> "妈妈!你来陪我玩!!!"小明开始大声哭泣了。
> "等一下!"妈妈总算理会了。

各位爸爸妈妈觉得接下来小明会安静吗?通常,小明接下来会更大声地哭泣,甚至出现一些负向行为,如丢碗筷、躺在地上等等,直到妈妈过去。有些妈妈会过去安抚小明,有些则是责骂小明,也有些既有安抚也有责骂。不管妈妈是过去安抚还是责骂,这样的事件通常在妈妈过去之后就会结束。

事实上,小明渴望得到妈妈的注意(亲密需求),但一直都得不到,直到大声哭闹之后,妈妈才终于注意到他了!事件之所以会结束,就是因为妈妈过去了!即使是被责骂,孩子也想要妈妈过去,因为这个责骂也是在满足孩子的亲密需求,甚至这个事件让小明学会了只要大声哭闹就能得到妈妈的注意(满足亲密需求)。

因此,当孩子有哭闹、赖皮、手足竞争、咬指甲等情绪或行为时,请各位爸爸妈妈务必反思一下，这些情绪或行为的背后有没有可能是孩子想要满足内在的"亲密需求"。如果你觉得孩子想要的是"亲密"，请记得在孩子出现负向行为之前，就用你的行动满足孩子的亲密需求。就小明的例子而言，妈妈只要在平时找出时间陪陪小明，让他的亲密需求得到充分满足，那么当妈妈在忙于照顾弟弟时，他可能就不会吵着也要妈妈陪了。

以下摘录自一位妈妈的经验分享。

　　我把时间和重心都放在训练特殊的儿子上，常常心力交瘁。女儿看在眼里，内心有不满也没有宣泄出来，反而表现得特别懂事和乖巧，不会令我操心。我也一直觉得很欣慰，竟然有个如此乖巧的女儿。日子久了，我开始意识到她或许也压抑得很辛苦。因为不晓得从她几岁开始，几乎每个晚上，她总会在睡梦中惊醒，还伴随着一阵哭喊声。我总得安抚她一阵子后，她才能入睡。第二天提起时，她完全没有印象。

　　学习游戏养育之后，我开始运用布偶娃娃作为游戏的媒介，进行正向的陪伴。我带孩子们去选购他们心爱的娃娃，他们各自选了一个。我让他们自己替娃娃取名字，儿子取名"汤姆"，女儿则取名"安琪拉"。我告诉他们，娃娃就像他

们的好朋友、好兄弟或好姐妹，也可以是妈妈的象征，如果他们遇到开心或生气难过的事情，可以和娃娃分享。

当天晚上，我看见女儿跟"安琪拉"谈心，说了一阵悄悄话。说也奇怪，那天晚上，她居然一觉到天亮，没有在半夜哭啼，而且接下来连续几天也睡得很安稳。

我持续地照着郑老师的教导，分别跟两个孩子建构了一对一的亲子游戏时间。

过了一段时间，娃娃脏了，我把它们丢进洗衣机清洗。虽然我事先通知了孩子，也征得了他们的同意，但是当天娃娃还没晒干，无法陪伴他们睡觉，结果那天半夜，我女儿又再次惊醒。第二天问她时，她又完全没有印象。这更让我确信，在娃娃的陪伴下，她得到了安全感，也有机会抒发她的情绪，因而睡得比较安稳。这件事让我感受到布偶娃娃的神奇力量。经过一段时间的陪伴，我女儿现在不需要娃娃也能睡得很香甜了。

这位妈妈的分享中提到建构了一对一的亲子游戏时间（将在第三章讲述），以及为两个孩子各自准备一个象征着妈妈的布偶，这样的介入都可以充分满足孩子的亲密需求。这样持续一段时间后，女儿没有娃娃的陪伴也能睡得很香甜，因为她内在的亲密需求得到了充分的满足。

· **自主需求：自信建立的前提**

自主需求是对可以自己决定与选择的需求。像刚学会走路的小孩，对周遭的世界充满好奇，所以到处摸、到处跑，你如果将他限制得紧紧的，他就会抗拒、挣脱。孩子越大，自主需求就越强。因此，在安全及孩子能力所及的前提下，爸爸妈妈需要给孩子自主的空间与机会。如果孩子被限制、管控得太多，一开始通常会抗议、生气、愤怒，接下来就会不服从管教、不听话、不配合。如果还是被父母压抑住了，他可能会转而将情绪向内投射，逐渐麻痹、忽略自己的感受，更严重的甚至会自我放弃或自我伤害。有的孩子变得易怒，甚至攻击或指责别人，总觉得都是别人的错，都是别人惹他生气的，其实也是内心压抑情绪的体现。

有些孩子表现出不服管教、顶撞、违规等行为，其实有很大的可能都是在表达

"我要自主"。我过去辅导过一个优秀的中学生，他为了表达对家长及老师过于严格控制的不满，就在一场重要考试中故意交白卷。这个"交白卷"的行为就是在很强烈地表达抗议，宣示他需要"自主"。如果家长或老师没能看到孩子的自主需求，一味地指责与限制，只会让事情更加恶化。

我印象深刻的一个个案是一位未满两岁的小男生。这位小男生之所以会来做游戏治疗，是因为只要一点点不顺他的意，他就会用头撞墙壁、撞地板。妈妈看到这么小的孩子竟然会出现这样的自我伤害行为，非常焦虑。同样地，我也觉得好奇与不解，为什么这么小的孩子会有如此强烈的自我伤害行为呢?! 当我进一步地探究孩子的问题所在，了解到妈妈平日的养育态度时，我终于明白为什么这个不到两岁的孩子会自我伤害。

这个妈妈特别担心孩子的安全与卫生。孩子一岁多开始会走会跑的时候，经常好奇地接触周遭各种看得到、摸得到的对象，如地上的物品、插头、插座、电风扇等等。妈妈既担心危险，也担心不卫生。所以，这个妈妈就随时随地监控着孩子的行为，一发现孩子可能要去碰什么东西，就立刻在孩子还没有动作之前加以制止。久而久之，这就变成了他们亲子互动的一个习惯，只要孩子有一些行为意图要出现，妈妈就会立即制止。一开始孩子就是哭闹，但仍然受到妈妈强烈的禁止，后来孩子就出现用头去撞墙壁、撞地板的行为。

其实这个行为的原因很简单，因为孩子的自主需求被严重地压抑了，使得他的内在充满了压抑与愤怒等情绪，而这些情绪又没有办法纾解，久而久之，就发展出这种撞头的自我伤害行为。

小洁是一个小学二年级的小女生，她在学校的成绩很优异，各方面表现也很乖，所有老师都很喜欢她，经常在班上及家长群里表扬她，要其他同学以她为榜样。班主任还很器重地鼓励她去竞选中队委，而且小洁顺利竞选成功。学校舞蹈社团的老师也很喜欢她，还特意选她担任了重要角色。妈妈一直强调自己的孩子是其他家长心目当中典型的学霸，是让很多家长羡慕的那类孩子。

由以上可知，小洁是一位非常优秀、听话的孩子，这样的孩子怎么也会有困扰以至于要进行结构式游戏治疗呢？据妈妈描述，小洁出现了以下的困扰：

1. 小洁从一年级下学期开始,早上经常会说害怕上学,尤其害怕上数学课,上课很紧张之类的话。二年级上学期开学近两个月,这种情况几乎每天早上上学之前都会上演。然而孩子去了学校也能正常上课,而且感觉很快就能适应,但第二天早上还是会反复念叨。

2. 小洁的情绪每天都绷得很紧。她每次考试都会很紧张,生怕自己考得不好,担心别人会怎么看。老师在学校批评别的同学,她也会觉得老师是在批评她。

3. 小洁这半年来变得容易发脾气,有时会因为一些小事大发脾气。爸爸妈妈每次早上叫她起床都会小心翼翼,即便这样她有时也会爆发。有时在外面上兴趣班,她会把梳好的头发弄得乱七八糟。妈妈不理解孩子为什么这么"作",质问孩子为什么要这样,孩子便会变本加厉。

为什么小洁会变成这样呢?其中一个原因是小洁本身的个性比较顺从。守规矩、听话、乖巧是几乎每位家长、老师都期待孩子拥有的品性,但当孩子太有规矩、太听话、太乖巧时,孩子的情绪就变得容易焦虑、紧张、担心、害怕。这样的状态持续一段时间,她的身心就会耗竭,就像一根绷紧的弹簧,时间久了就失去了弹性。更何况在学校,她必须压抑着焦虑、紧张、担心、害怕等情绪,所以在校外就容易因为小事而大发脾气。

除了小洁本身的个性因素之外,爸爸妈妈的养育态度也是一个关键原因。爸爸妈妈对小洁的照顾格外细心、认真,比如担心新袜子会勒住孩子的腿,就会把新袜子用针挑松了才让小洁穿。在结构式游戏治疗的过程中,有一次正巧是小洁的生日,大家为她买了一个生日蛋糕。当邀请小洁切生日蛋糕时,小洁主动说是

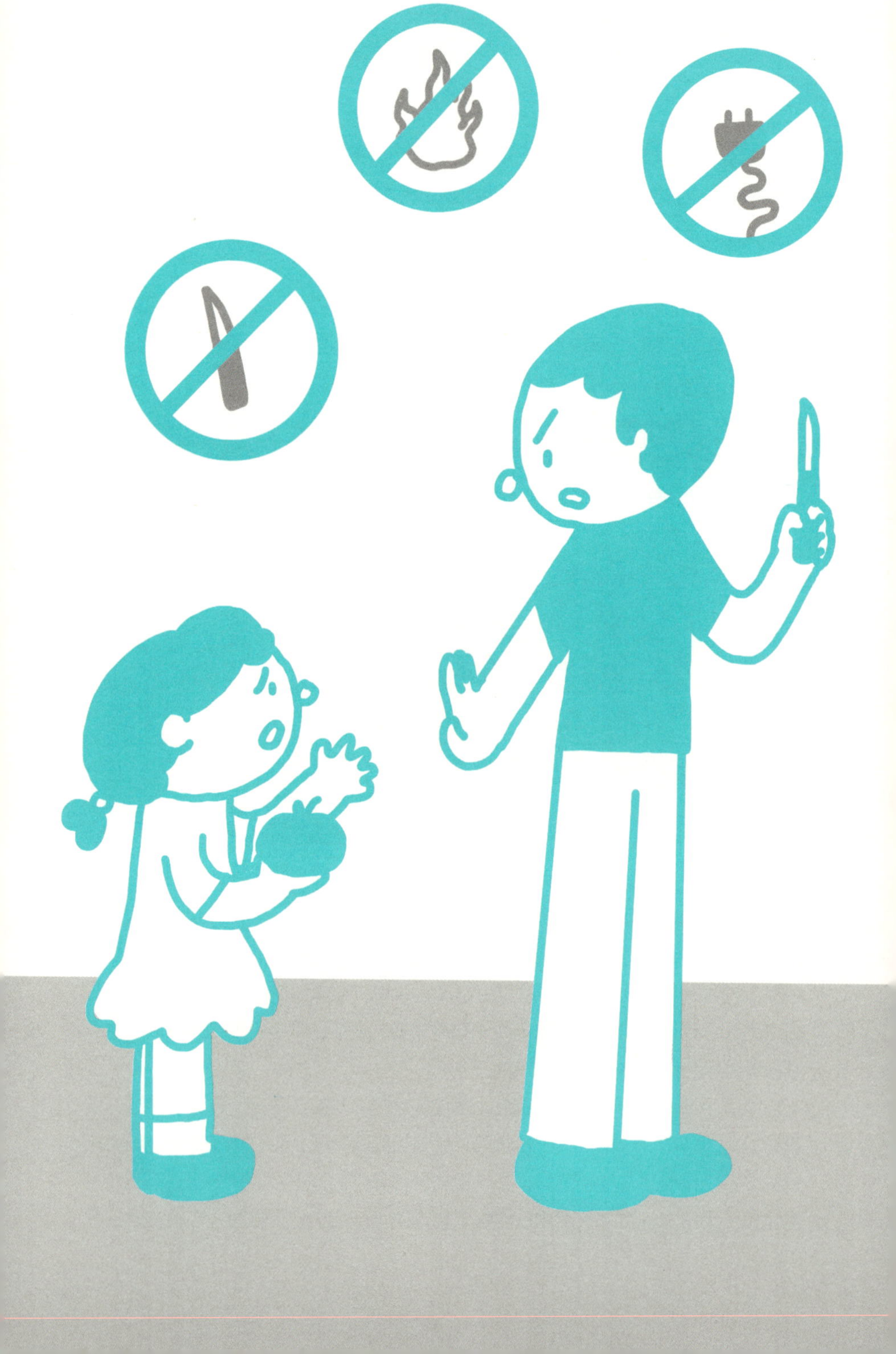

她第一次拿刀子，因为爸爸妈妈不会让她碰到危险的物件，也不会让她参与有一点点可能会受伤的事情。

就我个人的实践经验，类似小洁这样的个案其实不算少，但不容易被发现，除非孩子已经在情绪或行为上出现了问题。因为这类个案一开始能接受且遵守外在环境或大人的规范，甚至会将规范内化，成为一个乖巧、听话、成绩优异、能力强的孩子。他们认为这样是应该的，并不会认为这样不好。但当一个人太乖巧、太听话、成绩太优异、能力太强时，他势必要压抑、牺牲自己很多的需求、欲望，不能随心所欲、自由自在地做他想做的事情，也就是他不能充分地满足自己的自主需求，这样长期下来一定会有问题的。

爸爸妈妈要了解满足孩子的自主需求是重要且必要的。尤其当你发现孩子是属于比较乖巧、顺服的类型时，你更要创造更多的机会给孩子做选择，让他知道自己在某些事情上是可以做主的，明白听话、顺从与表达自己的想法、意见是不冲突的。

当孩子出现情绪或行为困扰时，请记得先停止无效的管教方法，反思一下：这些行为背后的动机是什么？孩子想要满足"亲密需求"还是"自主需求"？我们是不是忽略了孩子的这两个基本需求呢？记住我们既要满足孩子的亲密需求，又要让他有足够的自主性。

·小练习：孩子为什么哭闹？

在了解了孩子亲密与自主的心理需求之后，在此提供几个简单的情境，帮助爸爸妈妈反思孩子行为背后的心理需求是什么。以孩子哭泣的情境为例，同样是哭泣的行为，孩子可能是在表达内在不同的心理需求，而孩子会一直哭泣更多的是因为他内在的需求没被满足。所以，哭泣仅仅是一个表象，我们要深度地了解孩子真正的需求。

游戏养育——在游戏中发现孩子的天性与潜力

1. 孩子想要得到父母的关注或肯定。

情境：孩子跌倒了，看着妈妈。当妈妈也看着孩子，并且孩子确定妈妈看到他了，他就开始哭泣。

需求：此时孩子哭泣，是因为他一直渴望妈妈的关注与照顾，也就是要妈妈满足他的亲密需求。

2. 孩子想要自主决定，但这个自主需求被否定或忽略了。

情境：孩子想要去玩游乐器材，但被爸爸妈妈禁止并且要求回家，不能再玩。孩子一边往家走，一边哭泣。

需求：此时孩子哭泣，是因为他的自主需求未能得到满足。

3. 孩子想要得到父母的关注或肯定的同时，又有自己的想法，不愿意被改变。

情境：孩子想要妈妈陪他玩玩具，但妈妈要去做晚餐，孩子开始哭着要妈妈留下来陪他玩。即使妈妈委婉地跟他说明原因，孩子仍以哭闹的方式，或是拉着妈妈，或是挡住妈妈，就是拒绝配合，不让妈妈离开。

需求：亲密需求未能得到满足，转而以哭闹来表达心中的情绪，同时出现哭闹、拉、挡或不配合等行为，这样的内在动力是"我"得不到亲密需求，那"我"就行使"我"的负向自主行为来表达不满。

4. 孩子很有自己的想法，被拒绝后转而黏着父母，想要得到父母的关注。

情境：孩子很想出去玩，但被拒绝后，就一直黏着妈妈哭闹。在知道不可能出去玩之后，更是黏着妈妈，妈妈走到哪儿就跟到哪儿。

需求：孩子的自主需求（出去玩）未能得到满足，尤其在确定不能出去之后，内心可能有难过、委屈、生气等情绪，转而想要妈妈的关心来抚慰他难过的心。

以上的反思练习，不是要解决孩子哭闹的问题，而是希望爸爸妈妈试着去了解孩子的心理需求，这是孩子行为背后的动力来源。当我们能了解孩子行为背后真正的心理需求之后，再配合游戏养育的技巧，就能更有效地处理孩子的困扰。反之，如果我们没能注意与满足孩子的亲密需求，没能尊重与接受孩子的自主需求，让孩子在亲密与自主之间达到平衡，各种管教技巧都是很难奏效的。

观察与调整 1
◆ 走近——关注孩子的心理需求

"爱他，就从了解他做起！"很多关爱孩子的爸爸妈妈经常希望孩子不要犯错，并且以自己经验中的是非作为评判的标准。然而，孩子的每个行为背后都有他的动机，例如丢碗筷、躺在地上直到妈妈过来安抚，原来是孩子在表达想要被呵护、被照顾的"亲密需求"。又如爸爸妈妈长期以权威的方式进行管教，孩子过于压抑，无法独立，开始表现出不服从管教、不配合，甚至尽其所能地与爸爸妈妈对立，这些行为则可能是孩子在发出"自主需求"的讯号。想一想：

1. 孩子最近一次的生气、发脾气是发生了什么事情？

现在想想，其实孩子生气、发脾气是因为：
（1）未能得到父母的关注或肯定。
（2）自己想要自主决定，但被否定或忽略了。
（3）孩子未能得到父母的关注或肯定时，倔强、不顺从，伴随不配合或掌控的行为。
（4）孩子很有自己的想法，被拒绝后，转而黏着父母，想得到父母的关注、抚慰。

2. 孩子最近一次的倔强、不顺从是发生了什么事情？

现在想想，其实孩子的倔强、不顺从是因为：
（1）未能得到父母的关注或肯定。
（2）自己想要自主决定，但被否定或忽略了。
（3）孩子未能得到父母的关注或肯定时，倔强、不顺从，伴随不配合或掌控的行为。
（4）孩子很有自己的想法，被拒绝后，转而黏着父母，想得到父母的关注、抚慰。

3. 孩子最近一次的赖皮、不听话是发生了什么事情？

现在想想，其实孩子的赖皮不听话是因为：
（1）未能得到父母的关注或肯定。
（2）自己想要自主决定，但被否定或忽略了。
（3）孩子未能得到父母的关注或肯定时，倔强、不顺从，伴随不配合或掌控的行为。
（4）孩子很有自己的想法，被拒绝后，转而黏着父母，想得到父母的关注、抚慰。

4. 孩子最近一次的担心、害怕是发生了什么事情？

现在想想，其实孩子的担心害怕是因为：
（1）未能得到父母的关注或肯定。
（2）自己想要自主决定，但被否定或忽略了。
（3）孩子未能得到父母的关注或肯定时，倔强、不顺从，伴随不配合或掌控的行为。
（4）孩子很有自己的想法，被拒绝后，转而黏着父母，想得到父母的关注、抚慰。

观察与调整 2
◆ 推开——忽略孩子的心理需求

孩子的行为常常是父母管教态度的"照妖镜"，父母平常是用怎样的话语与孩子互

动，久而久之，就会塑造出怎样的孩子。因为孩子的自信、退缩、对立等特质都会深受爸爸妈妈的影响。因此，不得不谨慎地反思平日我们跟孩子互动的话语。

以下列出一些常见的忽略孩子心理需求的话语，让我们一起自我观察和调整，不要让类似的话语破坏我们与孩子的互动，进而破坏亲子关系。

听妈妈（爸爸）的就对了，怎么这么多意见！

你看谁谁多听话！

随便你！我不管了！

长这么大了，还要我帮你！

吵什么！当姐姐（哥哥）的，就要让着弟弟妹妹！

快去学习！快去写作业！

你是男生！怎么那么爱哭！

你要像个男孩子（女孩子）！

成绩这么差，你到底有没有听课？

跟你说了多少次，你怎么就是不听！

交代你的事总是做不好，怎么叫人放心！

读书像"玩"这么认真就好了！

第三章

专属的亲密时间
——建立孩子的安全感

第三章

妈妈,过两天就是星期一,是你和我的秘密时间,
我喜欢你用这样的方式陪着我,
因为这个时候只有你和我,没有弟弟在旁边吵。

很多爸爸妈妈都经历或听过这样的事情,就是小孩子睡觉的时候一定要抱着他的"破棉被""破枕头"或"娃娃",才能安稳地入睡。如果要将这些"破棉被""破枕头"或"娃娃"丢掉或换个新的给孩子,他们一定不愿意。更多的孩子要爸爸妈妈抱一下、亲一下,或讲个故事、聊会儿天,然后才愿意上床睡觉。这些活动看似平常,但俨然已经成为一个重要的睡前仪式,是孩子每天睡前必做的事情。

其实,孩子之所以如此依恋、重视这些物件或仪式般的活动,就是因为这些物件或仪式般的活动给孩子提供了很深的安全感。刚出生的婴儿从依附着妈妈,到逐步学会坐、爬、走,再到敢离开妈妈的视线,除了身体功能在成熟,心理上的安全感也在逐渐建立。如果主要照顾者(通常是妈妈)在这个过程中的照顾品质够好的话,孩子的安全感及情绪稳定性就会相对比较好。

✦ 优质的亲子关系需要父母"在"

妈妈你在吗？	在！
妈妈你在吗？	在！
妈妈你在吗？	在！
……	
妈妈你在吗？	我知道你在！

妈妈你在吗？	在！
妈妈你在吗？	……（不在）
妈妈你在吗？	在！
妈妈你在吗？	……（不在）
……	
妈妈妈妈	你到底在不在！！！

妈妈你在吗？	……（不在）
妈妈你在吗？	……（不在）
妈妈你在吗？	……（不在）
……	
妈妈	唉！我知道你不在！！

上述三小段很简单的文字传递着如何做好优质的陪伴。第一小段，妈妈能够让孩子感受到，在需要妈妈的时候，多数时间妈妈都"在"，这种经验会让孩子很有安全感。

第二小段，妈妈的照顾品质不稳定，有时满足了孩子需要妈妈的需求，但也会经常忽略，这种时有时无、不稳定的关系就会让孩子充满焦虑。

第三小段，妈妈一直未能满足孩子的需求，那孩子就会成为一个疏离甚至冷漠的人。

游戏养育强调要建立优质的亲子关系，就需要爸爸妈妈都能做好这个"在"。这个"在"其实是一个隐喻，包含了可预期、稳定和情感联结等内涵。

· 可预期

可预期是孩子建立安全感及稳定关系相当重要的一个元素，即孩子很清楚什么时候妈妈一定"在"。例如睡觉醒来的时候，"我"一叫妈妈，妈妈很快就会出现；"我"在外面跌倒受伤后，回到家妈妈就会照顾"我"、帮"我"擦药。以前有一则故事，当晚上有人还没回到家时，他家门口的灯一定会亮着，这样就是在告诉他，家人都在等着他，他有需要可以随时回家，家可以给他滋养、支援与温暖。由此可以理解为何那些"破棉被""破枕头""娃娃"和睡前的仪式如此重要，因为这些物件或活动都是可预期的，会给孩子带来安全感。

· 稳定

稳定就是除了可预期之外，爸爸妈妈"在"的时候是情绪平稳的、可信任的、可依赖的，而不是喜怒无常或让人捉摸不定。受虐的孩子回到家时常常是戒备、谨慎、恐惧、充满焦虑的，因为他不知道爸爸妈妈今天的心情如何，现在看起来是平静的或开心的，但不保证下一秒也是这样。爸爸妈妈一定要了解自己的情绪稳定对孩子安全感的建立非常重要。

· 情感联结

情感联结就是爸爸妈妈"在"的过程是情感导向的，而不是目标导向的。目标导向是指引导孩子学习或指导孩子完成一件任务，例如读书、写字、练琴、练舞等。而情感导向则是满足孩子的心理需求，比如陪孩子睡觉、讲故事给他听，这样不是在教导或指导孩子，而是在陪伴孩子。

很多爸爸妈妈以为每天都在家就是做到了"在",其实不然。

> 孩子邀请妈妈陪他玩,妈妈正好有事情在忙。
> "妈妈陪我玩!"
> "等一下!"
> 过了没多久,孩子又跑过来。
> "妈妈,已经等一下了,快来陪我玩!"
> "唉,妈妈还在忙,再等一下!"
> 又过了没多久,孩子再次跑过来。
> "妈妈,已经又等一下了,你赶快陪我玩!"
> "你怎么这么烦!一直说一直说!妈妈还在忙,再等一下!!"

到第三次时,妈妈因为还在忙事情,而孩子却仍然吵着要妈妈陪他玩,导致妈妈也烦躁起来。结果就是妈妈带着情绪回应孩子,孩子可能也很失望、难过或生气地不再要求妈妈陪他玩了。在这样的互动过程中,虽然妈妈在家,却并没有满足孩子的心理需求。如果妈妈有时答应孩子陪他玩,但有时又因为忙碌而造成上述的结果,那妈妈就变成有时"在"(满足了孩子的心理需求),有时又不"在"(虽然人在家,但未能满足孩子的心理需求),这样的亲子互动就会让孩子充满焦虑。

因此,游戏养育非常鼓励每位爸爸妈妈创造一个固定的亲子时间,很稳定、很规律地陪伴孩子,我们可以称此时间为爸爸或妈妈与孩子的"秘密时间""特别时间"或"亲密时刻",等等。这样孩子可以预期,这个亲子时间一到,爸爸或妈妈就会来陪他。如果爸爸或妈妈在陪伴过程中融入本书阐述的一些观念及技巧,那孩子就会越来越有安全感。

Tips
✦ 构建专属亲子时间,培养自信自尊的孩子

学习游戏养育的第一件事情,就是请各位爸爸或妈妈回家建构一段固定且有规律

的、一对一的亲子时间。如果能建构起让孩子可预期的亲子时间，并且爸爸或妈妈在陪伴时的情绪状态是稳定的、可信任的、可依赖的，那就可以说成功了一大半。之后再通过各种技巧的应用来陪伴孩子，满足孩子的心理需求，就能建立优质的亲子关系，培养出一位自信、自尊、情绪平稳又能自我管理的孩子。

接下来具体地介绍如何建构亲子时间及一些重要的原则。

·准备工作

1. 和孩子一起讨论时间

亲子时间是一个很特别的时段，就像有信仰的人进行饭前祷告、礼佛、诵经等仪式，久而久之，信念就会深入他们的内心进而产生力量。同理，亲子时间也要固定且有规律。

时间选择的基本原则：
（1）时间的决定要考虑到孩子的一般作息与活动时间，避免在孩子生理状况不佳或与孩子有兴致的活动相冲突的时间内，当然也不要造成爸爸或妈妈的困扰。
（2）让孩子知道亲子时间是固定的、可预期的，即决定之后，原则上就不要再轻易变动。
（3）原则上每周一次，每次 30 或 40 分钟，大一点的孩子可以增长时间。需要注意的是，在这段时间内，爸爸或妈妈要尽量排除可能的干扰，如电话、另一个孩子的扰乱等。

2. 和孩子一起讨论地点

亲子时间地点的适当和固定，有助于活动的进行，也能让孩子学会遵守约定。最重要的是，所选地点要能协助他区分亲子时间和其他时间。

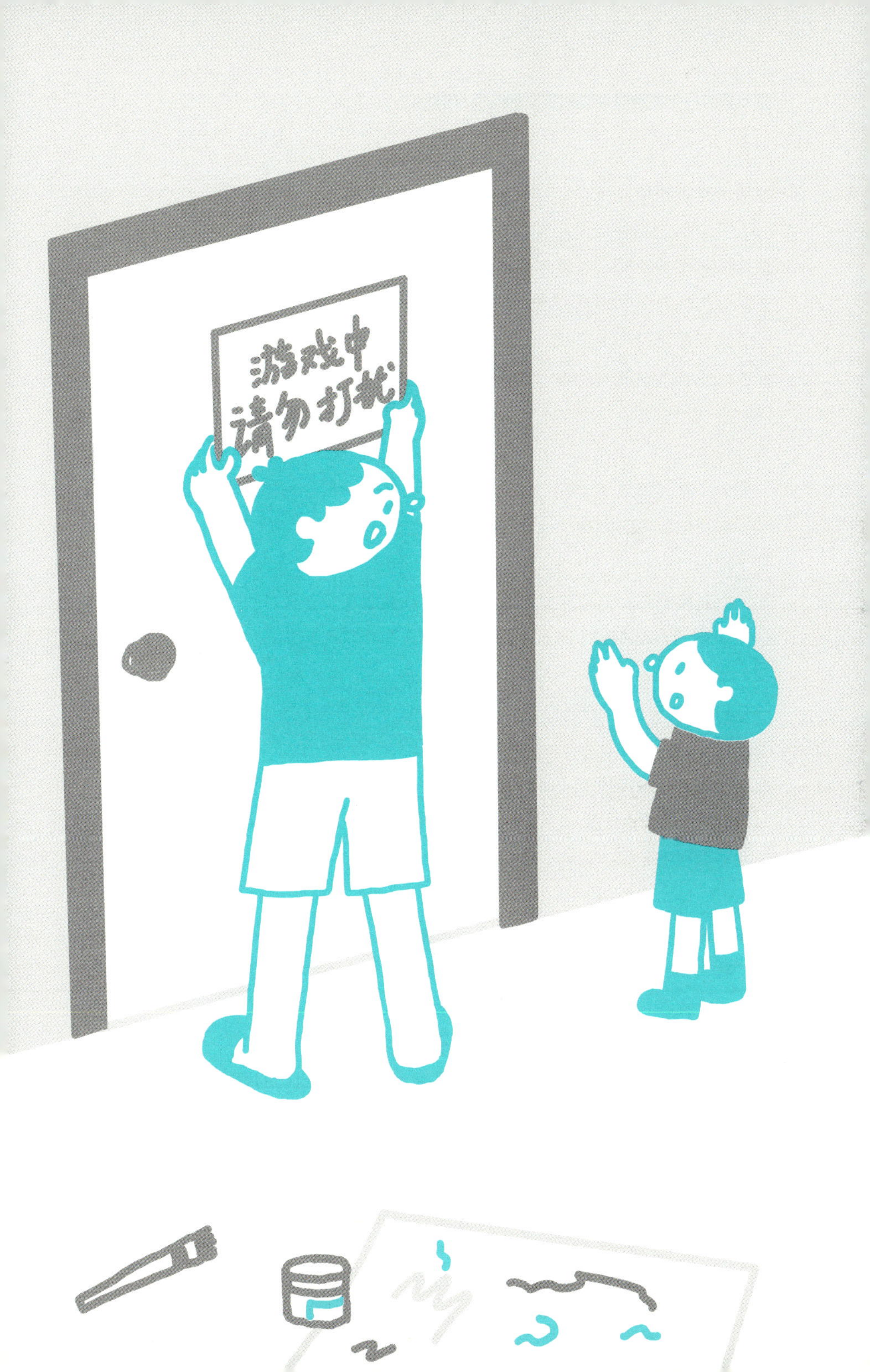
游戏中
请勿打扰

地点选择的原则：

（1）非常鼓励选在一个有明显区隔或界限的独立空间，例如家中的游戏室。若是选择在孩子的房间，则要注意不会被其他物件干扰，如他的电脑、手机、作业等，否则会影响陪伴中的互动效果。

（2）地点要能够不受干扰，这样才能让孩子意识到这段时间的重要性与自己的特殊性。不妨跟孩子一起做个告示牌"游戏中——请勿打扰"，以便挂在门上。

（3）空间不宜太小，但也不要太大，以免过于压迫或容易混乱。

3. 如何不被其他孩子干扰

亲子时间一次只针对一位孩子，这时既要不被其他孩子干扰，又要能照顾到其他孩子的心理感受。针对其他孩子，这里有几点建议：

（1）让其他的家人陪伴。

（2）公平分配不同的时间为亲子时间。

（3）将亲子时间安排在其他孩子不在的时候，例如其他孩子上课或学才艺的时段。

注意一点：要照顾到每个孩子的心理感受，不要让他们觉得不公平或委屈。

4. 游戏材料的选取

游戏养育的理论基础源自游戏治疗，我们深信孩子可以通过游戏玩出他的生命经验，玩出他的期待，玩出他的自信，一如第一章中提到的：

"游戏"展现孩子的自我优势，培养孩子的自信与自尊。
"游戏"让孩子的情绪充分表露，让孩子完全可以行使自己的意志。

因此，我们鼓励在这个特别的亲子时间内，准备适当的玩具供孩子选择。要选择怎样的玩具呢？有以下几点原则：

（1）不一定需要新的，但不要用损坏的玩具。可以将平日已经有的玩具拿到亲子时间的空间进行摆设,让孩子选择。
(2)如果不容易搜集到很多玩具,则建议多利用各种艺术媒介。
(3)像刀、剑、枪、手铐、蛇、蟑螂之类的玩具,通常家长不会买给孩子,但为了体现玩具的特殊性,即能让孩子通过这些玩具表达一些负面的情绪经验,建议在进行亲子时间时,也将这类玩具拿出来供孩子选择。平日可将这些比较特别的玩具收放在一个适当的纸箱内,只在亲子时间拿出来。
(4)机械式且不会产生互动的玩具要排除,例如电动玩具。

可以大致根据下述6大类别来准备和选择玩具:
(1)家庭/抚育/拟实物类:娃娃家族(父、母、子、女、婴儿各一个)、娃娃屋、动物家族(至少两个家畜类、两个野生类)、茶具组(至少两人份)、奶嘴、奶瓶、绒布偶等。
(2)恐怖/邪恶类:蛇、恐龙、鲨鱼、蟑螂等。
(3)攻击/情绪发泄类:可发射软子弹的玩具枪、软质塑胶刀剑、手铐、软质球、童军绳等。

(4)创造/表达类:纸、八色彩色纸、钝头剪刀、胶水、黏土、胶带等。
(5)扮演类:医药箱、交通工具(救护车、警车、工程类车、垃圾车、家用车、校车、直升机等)、电话、积木(易于堆砌及摧毁)、手掌布偶(最好是有攻击性的动物,可以张口)等。
(6)其他:组合型创造玩具、棋类玩具等。

· 如何开始与结束

在做好上述准备工作后，如何开始以及结束亲子时间也有注意事项。

1. 将可能中断亲子时间的各种因素事先排除掉，例如记得让孩子在开始之前，先去洗手间。
2. 具体明确地告诉孩子可以玩多久，例如"现在长针在 3，等一下到 5 的时候，我们就要结束"。
3. 在结束前 5 分钟，给孩子一个提示，不要延长结束时间超过 3 分钟。

· 示例

步骤 1：先根据上述原则，决定 1—2 个可能的时间、地点。
步骤 2：如果家里还有其他小孩，则要取得家人同意来协助你照顾另外的孩子。
步骤 3：单独和这个孩子一起讨论游戏时间。

试着这样说：

小哲，今天老师要妈妈回家找一个固定时间陪你玩游戏，你觉得怎么样？
为了让妈妈能固定且规律地陪你玩，现在妈妈要和你讨论游戏的时间、地点和玩具，最后还要和你签约，表示我们两个人都要负责，不可以骗人。
因为……，所以我觉得这两个时间很合适，由你来决定选哪一个。但不管你选哪一个时段，每次都是玩 30（或 40）分钟。

还有，妈妈觉得在……（地点）玩比较合适，因为……，希望你能了解并愿意配合。

另外，我们在这段时间内玩的玩具需要被特别保护。妈妈会将它们装在一个大的收纳箱里，这些玩具只有在这段时间才能玩，其他时间要被保护。

第四章

反映孩子的正向行为，提升孩子的自尊与自信

第四章

妈妈你看，这是我做的！
我来我来，我会的！
我告诉你……
今天老师教我们……
我帮爸爸……

捉迷藏是一个很有趣的游戏。当你跟孩子在玩捉迷藏游戏的时候，孩子很努力地躲在一个不容易被发现的地方，好像不想被你找到！但既有趣又吊诡的是，如果你不去找他，这个游戏就不好玩了。

这是一个隐喻。

也就是说，当孩子躲在暗处，躲在不想让你看到、不想让你知道的地方时，如果你真的不去关注他，也不试着去找到他，那这个游戏就一点都不好玩。虽然孩子努力地躲在暗处，不想让你找到，但最终还是期待能被你看到的，而被你找到的一刹那，这游戏才会好玩。

我们的孩子或许有时有些不好的表现，不想、不愿意，甚至担心、害怕被爸爸妈妈看到，但我们就是要去寻觅、去关注、去看到他！

捉迷藏游戏的过程中，你找到或看到孩子的一刹那，不是指责，而是关注！

孩子希望自己的每个行为都被看到、被关注！尤其当孩子表现得不好的时候，他内心深处也会焦虑、担心，此时更渴望能被爸爸妈妈了解、关注与接纳！！

第四章 反映孩子的正向行为，提升孩子的自尊与自信

> 对孩子，游戏养育持有一种"绝对的"性善观，也就是相信只要爸爸妈妈的养育方法对了，孩子一定是朝正向发展的。根据孩子两大心理需求中"亲密需求"的内涵，游戏养育提出"注意到孩子的什么行为，那个行为就会被保留下来"的观念，并由此建构出一个新的养育方法，即"具体地反映孩子的正向行为"。这个技巧可以培养孩子的自信，提升孩子的自尊。一个自尊自信的孩子就会是一个健康快乐又积极的孩子。然而实际生活中大多数爸爸妈妈常常做出伤害孩子自信与自尊的事情，尤其是"提醒式的关心"，再加上不断地"注意"孩子没有做好的地方，又间接地增强了孩子的负向行为，长期下来，孩子的情绪与行为就会越来越糟糕。

✦ 提醒孩子也是伤害孩子

各位爸爸妈妈，请先思考一下，你的养育方式是民主型、放任型还是权威型呢？

我曾做过非正式的询问，发现超过 80% 的爸爸妈妈会说他们是民主型的，非常尊重孩子，会跟孩子沟通。当进一步仔细地了解他们的沟通方式时，我惊讶地发现其中约有 60% 的爸爸妈妈其实是在"委婉地提醒"，另有约 30% 则是"提醒中带有批判"，只有约 10% 的爸爸妈妈才是真的在尊重孩子的决定。由此可知，大多数爸爸妈妈都误以为自己很民主，但实际上却经常以提醒的方式教导孩子。此时你可能会有疑问：难道"提醒"不好吗？不需要"提醒"孩子什么吗？在此，我来分析一下"提醒"的真正内涵，便于各位爸爸妈妈或者老师了解"提醒"会让孩子有怎样的感受。

· 提醒就是在告诉孩子"你不够好"

试想我们通常会在怎样的情况下提醒孩子，多数都是在孩子表现得不够好，或我们担心他会做得不好，或期待他继续保持在一个"好"的状态的时候。

游戏养育——在游戏中发现孩子的天性与潜力

"下周就要考试了,赶快去读书!"
"要记得带明天上学要带的东西!"
"写完考卷之后要多检查几遍!"
"要继续努力,保持这样的好成绩!"

以上这些提醒的初衷其实都是好的,都是希望孩子能够更好。但当一个提醒具有"针对性"的时候,可能就会有问题。所谓针对性,就是特别针对某个人的行为或他做的某件事。当老师提醒全班同学"要记得带明天上学的东西"时,那就是一个很中性的、没有针对性的提醒,但如果老师仅针对某位同学进行提醒,这个提醒就具有负面的影响。

"阿雄,明天记得要把数学作业本带来学校,不要又忘记了!"
"阿雄,明天有体育课,要穿运动服哟!"
"阿雄,不要再把通知单弄丢了,一定要交给爸爸,知道吗?"

上述这些提醒都隐含着"阿雄你不够好",甚至是"阿雄你不好"或"阿雄你不行",所以才需要被提醒。同样地,当爸爸妈妈很有针对性地在提醒孩子某些事情时,其实也就是在告诉孩子"你不够好"或"你不行"。如果提醒的内容又加上了对孩子表现不好的描述,那就更是在强调孩子"真的很不好"。

"下周就要考试了,赶快去读书,不要像上次那样考得那么糟!"
"要记得带明天上学的东西,不要总是不用心、迷迷糊糊!"
"不要像上次考试那样粗心,要多检查几遍试卷!"
"要继续努力,保持这样的好成绩,不然很快就会退步!"

· **提醒多了就变成唠叨**

爸爸妈妈的提醒超过三次之后,其实就会让孩子觉得很唠叨。如果孩子已进入追求自主的青春期,那更多的提醒只会换来孩子更多的烦躁与对立。

阿催阿催阿催阿催

当你的孩子经常回应你：

"我知道了！"
"好了好了，不要再说了！"

甚至对你的提醒都不回应，你还要再补充问：

"你听到妈妈（爸爸）说的话了吗？"
"你到底有没有在听？"

那就表示你让孩子感受到的是唠叨。

·提醒隐含着父母的焦虑和不信任

爸爸妈妈会忍不住一直提醒孩子，其实经常是因为焦虑程度高，或是不相信孩子可以做好。有些孩子的表现还不错，但爸爸妈妈还是忍不住地要提醒孩子：

"保持努力！"
"不要懈怠！"
"不要骄傲！"
"开心几天就好！"
"放松一下，就要继续努力！"

这些都反映出爸爸妈妈的焦虑与担心。有些爸爸妈妈甚至会说：

"我早就猜到你会考不好，谁叫你不听我的话！"
"你看你，我早就提醒过你！"

这些话都在一而再地伤害孩子的自信与自尊。换位一下，如果你是孩子，一直听到爸爸妈妈的这些提醒，会有何感受？

综上，我们知道提醒本来应该是一件好事，但当爸爸妈妈针对某件事情、某个行为提醒超过三次时，这个提醒就变成了唠叨，甚至可能隐含着爸爸妈妈不相信孩子，也可能反映着爸爸妈妈的焦虑。

✦ 具体反映孩子的正向行为

为避免因为提醒而不知不觉地伤害孩子的自尊与自信，爸爸妈妈不妨参考以下四点建议：

第一，反思自己的养育态度。如果你的言语中经常出现类似上述口语实例的说法，那就要知道自己真的做了太多的提醒。

第二，以具体行动替代口头提醒。当你要提醒孩子做某些事情时，转个念头吧，用行动带着孩子完成你期待他做到的事情，例如牵着孩子的手到书房读书，自己也关上电视或手机，专心地陪着孩子。

第三，以具体行动表达对他的支持。例如想要提醒孩子考试就要到了，不如端一杯果汁给孩子喝，让孩子感受到你对他的关心与支持。当你看到孩子回以友善的表情或言语时，也有助于减少你的焦虑与担心。

第四，具体地反映孩子的正向行为。提醒多半都是在强调孩子没有做到或没有做好的事情。现在我们要换个态度来与孩子互动，就是具体地反映孩子的正向行为，例如：

"我看到你开始写作业了！"
"我看到你已经写了五行作业了！"

游戏养育——在游戏中发现孩子的天性与潜力

"我听到你在背英文单词！"

上述四点中的后三点其实就是建议爸爸妈妈学习具体地反映孩子的正向行为，可以是口头反映，也可以是具体的行动，重要的是聚焦在孩子做到的事情上，而不是提醒孩子可能会做不到或做不好的事情。

· **注意到孩子的什么行为，那个行为就会被保留下来**

亲密需求是孩子的两大心理需求之一，满足这个需求的一个重要方式就是具体地反映孩子的正向行为。因为当你这样做时，就是在传递一个讯息给孩子：你在注意他、关注他。这份"注意"与"关注"会达到一个效果：注意到孩子的什么行为，那个行为就会被保留下来。

为什么"注意"会有如此效果呢？因为亲密需求的内涵就是"被注意到"。试想你穿了一套新衣服或烫了一个新发型到公司，却没有人发现，你是不是会觉得很失落，甚至会有点难过呢？另外，如果一个人在公司或某个团体中，像空气一样没被注意到，他会有成就感或满满的工作动力吗？我想是很难有的！

从生物演化的角度来谈也很容易理解，每个刚出生的动物都需要被母亲注意与照顾，才有可能被哺乳与养育，也才能生存下来，可见"被注意到"是多么重要的一件事情。"被注意、被看到"几乎是每个人在他的重要关系中不断追求与渴望的。每个孩子为了得到"注意"，他至少会有以下这两种行为模式出现：

1. 当他表现出正向行为而被注意到时，这个正向行为就会被保留且持续出现，因为这个"正向行为"会为他赢得"注意"。

2. 当他平日的行为没有被注意到时，他内在的这个"被注意"的需求就会蠢蠢欲动，促使他要有所行动。既然平日的言行都没有被注意到，那他就必须表现出不一样的行为，通常就是违反规范、不守规矩。这样的行为会让他受到责骂，殊不

第四章　反映孩子的正向行为，提升孩子的自尊与自信

知这个"责骂"就满足了"被注意"的心理需求。

由此可知，很多孩子之所以会经常表现出一些爸爸妈妈不喜欢的行为，常常就是因为爸爸妈妈的责骂满足了他"被注意"的需求，从而增强了他的这种行为。

爸爸妈妈经常催促孩子吃饭吃快一点、赶紧去洗澡、走路快一点等等，效果通常都不是很好，因为你的这些催促都满足了孩子"被注意"的需求，间接地强化及保留了孩子的这些负向行为。如果要调整孩子这些生活中的小毛病，首先是不要再念叨了！因为不断地注意孩子的负向行为就是在烙印孩子的低自尊。

"你就是笨！"
"你可不可以快一点，慢吞吞的！"
"又写错字了！"
"袜子又乱丢了！"
"你的房间像狗窝一样！"
"你看你，又不专心写作业了！"
"你可以先洗手再拿东西吃吗?!"

如果在亲子互动过程中，孩子经常出现不被你接受的行为而引来你的处罚与注意，久而久之，在你及孩子的心中就会留下孩子低自尊的印记。心理学有个重要的观念叫作"皮格马利翁效应"，简单地说就是你认为你的孩子是龙凤，他将来就会成龙成凤，你认为他是牛、是马并且笨，那他将来就会是牛、是马并且笨。爸爸妈妈如果只是看到了孩子不好、不足的地方，孩子当然就会形成"我不好""我不足"的低自尊。

"我就是不会啊！"
"我爸爸都说我很笨！"
"这个我不会！"
"我不敢，我一定做不好的！"

上述这些低自尊的自我概念，不仅表达了孩子如何看自己，更反映了爸爸妈妈也认为孩子就是"不会""不行"。

根据"注意到孩子的什么行为，那个行为就会被保留下来"这一观念，游戏养育提出一个具体的实践方法，就是"具体地反映孩子的正向行为"，以替代"提醒""注意孩子的负向行为"等无效且有害的管教方式。

· 寻找并反映孩子的正向行为，激发孩子的行动力

在没有安全顾虑并且时间并不急迫的时候，我们可以忽略孩子那些不被接纳的行为，转而开始寻找并注意到孩子其他的正向行为，然后具体地反映这些正向行为。这一技巧几乎可以全面地用在孩子身上，尤其是孩子开始尝试或者开始做到我们期待的事情时，我们更要将这些行为具体地反映出来。即便孩子可能做得还不够好，或偶尔做到了但多数时候并没有做到，或经常是在被要求甚至被责骂之后才开始做，我们也仍然要谨记这一技巧。

"具体地反映孩子的正向行为"之所以能够提升孩子的自信与自尊，原因在于以下几个方面：

1. 爸爸妈妈要看到孩子的行为表现才能进行反映，所以这样的反映技巧也在训练爸爸妈妈养成习惯专注地看孩子的正向行为，同时还要说出来，这完全符合皮格马利翁效应的心理机制。

2. 爸爸妈妈看到孩子的行为表现，这充分满足了孩子想要被注意的心理需求，而且这是正向的注意，完全可以满足亲密需求。

3. 爸爸妈妈也对其他家人具体地反映孩子的正向行为，这可以见证与扩大正向影响，能够提升孩子自发的动力。

第四章 反映孩子的正向行为，提升孩子的自尊与自信

4.孩子可以具体得知是做了什么被看到、被肯定，从而更明确地知道怎么做才会被关注。

爸爸妈妈在具体反映孩子的正向行为时，这个"具体"是重点也是关键，就是要描述出孩子的行为，通常听了这样的描述会有一个画面出现。

> "老公，小源今天一回到家就把袜子脱掉，并丢到了篮子里！"
> "哇！真的啊！小源开始做到我们要求他做的很多事情了！"
> "老公，你看女儿已经吃了三口饭了！"
> "嗯！我看到了，真的，又在吃第四口了！"

如果你是孩子，听了上述的话，会有何感受呢？应该会感受到促进向善、向上的正向动力吧。如果我们经常注意到孩子的正向行为，不仅这些行为会被保留下来，同时整个过程也会提升孩子的自尊，而孩子其他的负向行为也会减少或改善。

以下是一则实际生活案例，这则案例也可以印证"具体地反映孩子的正向行为"可以激发孩子的行动力，让孩子专注地投入活动。

> 　　小谦拿着已经被解体的迷宫存钱筒蹲坐在我面前，尝试把每一个墙面组装回去。
> "好难啊！"我看着被分解的迷宫材料。
> 小谦抬头看了我一眼，又低头继续试着组装起来。
> 我看着小谦一下这样一下那样地弄着，就在旁边专注地反映他的行为。
> "我看你将这片跟那片组合在一起。"
> "不行，你正在将它们解开，再试试不同的方法。"
> "怎么放都不行，到底要怎么放？"
> 小谦试了好几回都没成功。
> "怎么放都不行，到底要怎么放？"
> 小谦没放弃，继续动手。

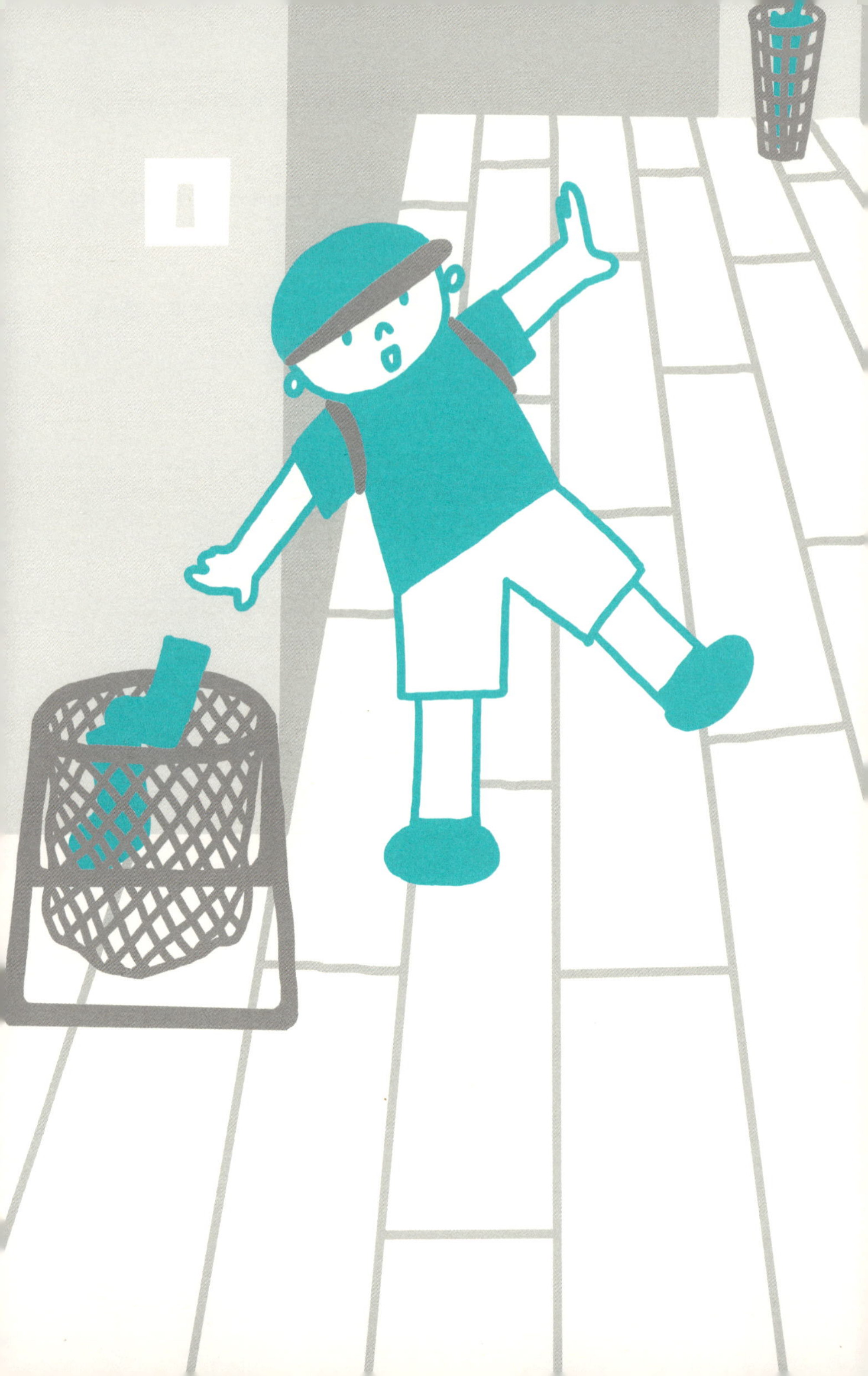

"再重新将所有材料都排列在桌上。"

"你先从最大块的那片开始组合。"

"有点像了！"

"哎呀！还是不行。"

"你好认真努力地尝试，虽然弄不好，你也没有生气。"

"妈妈也跟你一起试试看，可以吗？"为了创造成功经验，我也加入小谦一起尝试组装，但真的好难。

"这个好难，妈妈也组装不起来，但我们一起努力试试看。"

过了约10分钟，东西还是没有组装好，小谦放弃了。

"这真的好难，妈妈看到你这30分钟真的很专注地投入，试了各种方法。"

"下次再来试试看。"小谦边说边抬头看看我，微笑着将材料收进盒子中。

"我要弄！"这时，弟弟小修跑过来说。

这次，我刻意不想回应，看看有什么不一样。

过了2分钟。

"我不弄了！"小修说完就把东西放着。

我反思着这两个很不一样的过程与兄弟俩不同的反应，弟弟小修会想要过来组装，大部分原因应该不只是觉得好玩，而是看到刚才的过程中，哥哥小谦一直被我关心、注意与陪伴，他也想要这样的感觉。我想不管是多大的人，都希望享受这种被关心、注意与陪伴的感觉。

·身体力行，带领孩子去做该做的事

如果孩子的某些行为虽然没有危险性，也没有时间紧迫性，但经常出现并且让爸爸妈妈看不下去，例如乱丢袜子、乱丢衣服、不收玩具等，而游戏养育又告诫爸爸妈妈不要做"提醒"式的家长，那可以怎么做呢？

此时，请爸爸妈妈起身而行，带领孩子去做他该做的事情。当孩子做到了，就具体地反映孩子的行为。这样的过程产生三个正向的动力：

游戏养育——在游戏中发现孩子的天性与潜力

1. 起身而行,行动产生力量。如果你还只是在旁边说,不管是委婉地说还是大声责骂,都没有你牵起他的手去做来得有力量。过去看到很多爸爸妈妈都是生气地拿起棍子要打孩子,孩子才开始行动。实际上,这个过程中孩子行动不只是因为惧怕"被打",更是因为你行动了!你的起身、你的行动就是一种力量及决心的展现,会让孩子更愿意配合。当然,爸爸妈妈在起身而行时要平静。

2. 具体地反映孩子的正向行为。当你带领孩子做了该做的事情后,不需要赞美孩子听话懂事,但请你具体地将孩子的正向行为反映出来,因为这样满足了孩子"被注意"的亲密需求。前文提到当孩子的行为没有达到你的期待时,你的提醒、责骂也是在满足孩子的亲密需求,现在因为你的起身而行,孩子做到了我们要他做到的事情,当然更要具体地反映出来。如此持续一段时间,孩子达到我们期待的行为就会越来越多,进而替代了那些不被我们接受的行为。

3. 整个过程,你不用提醒、不再唠叨,也就比较不会有情绪。通常爸爸妈妈的情绪都是因为说了很多次都不见孩子改善或行动才会爆发,现在以行动来带领孩子做到要求的事情后,爸爸妈妈的情绪一定会比之前平稳。这也说明我们不要仅仅以言语来管教或要求孩子,用行动来证明我们的决心,会更有力量。

小志一回到家,就把书包往沙发一丢,袜子脱在客厅地板上,整个人横躺在沙发上休息。
"小志,要把袜子丢到篮子里!"
小志依然斜躺在沙发上。
"你这样多不卫生!"妈妈再次提高嗓门。
"哦!"小志依然躺在沙发上。
"快点!说了多少次了!"妈妈开始带着情绪大声地对小志说。
"等一下!很累啊!"小志也不悦地回应。

各位爸爸妈妈,接下来的互动会是怎样呢?孩子会去将袜子捡到篮子里吗?通常不会。爸爸妈妈要不是无奈地跟在后面收拾,要不就是发一顿脾气之后,孩子悻悻地将袜子丢到篮子里。不管怎样，这样的互动都会让爸爸妈妈既无力又无奈。我们该怎么做呢？

"小志来！"妈妈亲自走到客厅，边说边牵起小志的手。
"干什么啊?!"小志有点不悦。
妈妈平静而坚定地牵着小志，走到袜子前面。
小志只好将袜子捡起来，跟着妈妈走到篮子边，将袜子丢到篮子里。
"嗯，妈妈看到你将袜子丢到篮子里了！"妈妈在小志将袜子丢进篮子里时立即回应。

当妈妈起身而行之后，事情是不是很快就圆满落幕了呢！当然，这样做了一次后，孩子并不会立即养成习惯，但妈妈只要在这件事情上坚持几次，孩子就会知道赖不掉而更能够配合，进而养成习惯。反之，如果妈妈只是一直说或一直骂，就会发现这好像变成了天天都要上演的连续剧，不仅妈妈很无奈、无力，孩子其实也不开心。所以，要改善孩子不好的习惯，请以行动带领孩子做到该做的事情，然后具体地反映孩子的正向行为。

· **具体反映行为的过程，而非结果**

需要澄清的是，具体地反映孩子的正向行为是指具体且明确地描述出孩子行为的过程，而并非只是赞美结果。

不鼓励的反映方式：

"你好乖！"
"你今天好听话！"
"你好棒！"
"你画得好漂亮啊！"

游戏养育——在游戏中发现孩子的天性与潜力

鼓励的反映方式:

"妈妈看到你已经写了五行了!"
"你很专心地、一笔一画地在写呢!我看到第三行的字写得好工整啊!"
"我看到你将积木、汽车、娃娃都放回篮子,还盖了盖子!"
"你吃完点心,就将作业拿出来写,还问了妈妈两个数学题目!"

"这次考试考第一名,真的好聪明!"很多爸爸妈妈喜欢用这句话称赞孩子,但这样的鼓励方式反而会妨碍孩子的发展。当他们下次遇到挫折时,就会开始怀疑自己,或是他们会变得很容易焦虑与紧张,因为不是每次考试都可以考第一名。最好的夸赞方式就是以类似上述的语句,具体地说出孩子的正向行为:

"这次考试前,妈妈看到你主动地背课文、做试卷……你这样努力,果然考到了很好的成绩!"

有很多研究证实,很多从小被爸爸妈妈称赞"很棒""很聪明"的小孩,长大后反而成绩平平,而那些常被称赞"你很努力"的孩子,成绩往往比同龄人好,也更有求知欲,并且抗压性较强。事实上,游戏养育所强调的"具体地反映孩子的正向行为"的关键,就是让孩子知道他那些努力的行为都已经被爸爸妈妈看到了。所以爸爸妈妈要具体反映孩子努力的过程,而非只是反映结果。

以下是一位在游戏养育工作坊学习过的妈妈的分享。她的女儿跳跳向来是没有耐心的孩子,一遇到挫折就会退缩或放弃。这天,这位妈妈只是在旁边运用了"具体地反映孩子的正向行为"这一技巧,就让孩子除了自愿面对挑战与挫折,还在心中培养起来一股正向的自信。

今天和 5 岁的跳跳玩穿珠做手链,出乎我的意料,跳跳居然可以持续 40 分钟!
跳跳将珠子一颗、两颗、三颗穿进去,有时候手没拿稳,珠子就掉出来了。

第四章　反映孩子的正向行为，提升孩子的自尊与自信

"没关系，掉了再捡起来就好了！"我微笑着回应。
"我看到你很快将掉下去的珠珠捡了回来！"我在旁边反映着她的行为。
"你仔细地穿珠珠，已经穿了快 20 颗了呢！"
她抬头微笑着看我，同时将串珠举高给我看，好像想要展现她的成果。
跳跳继续穿珠子，没多久，珠子又掉出来了。
"没关系，掉了再捡起来就好了！"此时换跳跳不疾不徐地对自己说。
她很有耐心地把掉出来的珠子继续穿回去，然后又说："我可以再穿一串的！"
在一旁听到跳跳的这番话，我好感动！一直以来，我都想让孩子知道过程远比结果重要，希望她能勇于尝试。今天，她一字不漏地回应自己"没关系，掉了再捡起来就好了"，让我感受到追踪描述行为这个技巧的力量。

我采用什么样的言语和态度，孩子就会收下这样的言语和态度并且照搬着回应她自己。我想，如果今天她的珠子掉出来的时候，我有很大的反应，比如指责或惊讶，那孩子对自己又会是不一样的回应吧！这让我更谨慎地选择用在孩子身上的言语，也体会到游戏养育所教导的一些观念与技巧的重要性。

Tips
✦ **追踪描述行为，提升孩子自尊**

具体地反映孩子的正向行为，其实已经包括了追踪描述行为和提升自尊两项游戏治疗的专业技巧。追踪描述行为就是具体地说出孩子的行为，提升自尊的技巧就是在孩子表现出正向行为或特质时，以"你会……""你能够……""你可以……"等语句，描述出孩子的这些正向行为及特质。因此，具体地反映孩子的正向行为是一个很有能量的技巧。那如何在实际生活中应用这项技巧呢？

1. 不要忽视孩子做的分内之事。多数时候，爸爸妈妈会将孩子做分内的事视为理所当然，例如写完作业、认真读书、帮忙做家务等，所以不会特别去关注或反映。其实有一点要注意，如果这些所谓的本来就该做好的事，孩子以前都没做到或没做好，而他现在又开始做这些事了，我们就应该具体地反映孩子的这一正向行为。

孩子在写语文生字课作业。

不鼓励的反映方式：
"小明！你看都写了 30 分钟了！赶紧把剩下的五行生字写完！"
"小明！妈妈说了多少次了！字要写在格子内，不要超出格子！来，那几个字擦掉重写！"
"小明！你看姐姐都写完了，你还不赶快写！"

鼓励的反映方式：
"小明，你已经写了八行字了！妈妈看到了！"
"这个'国'字笔画很多，你都写在格子内，我看到了，这表示你在写的时候很专心！"
"只剩五行了，你专心写，很快就可以写完，然后就可以像姐姐一样去玩了。"

如果小明写作业时经常不够专心，没多久就会注意力涣散，容易被其他事物吸引，导致作业要写很久，那在小明一开始写作业还很专心的那段时间，妈妈就要过去反映小明的正向行为。

"妈妈看到你开始写作业了！"
"嗯！小明已经写了五行！"
"嗯！小明看着生字簿，然后一个字一个字地写，我就知道你可以做到的！"

2. 聚焦在孩子正向行为背后的特质与能力。当孩子可以做到写完作业、认真读书、帮忙做家务等所谓理所当然的事情，或进一步从事更具挑战性的任务时，提升自尊的技巧就会聚焦在孩子的能力与态度上。例如有时作业特别多或特别难，当孩子很辛苦地完成作业时，就要把孩子在写作业过程中的投入、专心、不放弃等美好的特质都反映出来，这样也可以培养孩子的好品格。

"这次作业好多，你还是耐着性子，一样一样地完成，真不简单！"

第四章　反映孩子的正向行为，提升孩子的自尊与自信

3. 当孩子主动与你分享他的所见所闻以及他尝试的或得意或失败的事情时，请不要泼他冷水，而是善用"你会……""你能够……""你可以……"等引导语，再加上孩子具体的行为内容进行反映。

孩子从学校回到家里，很得意地拿着一个黏土作品给妈妈看。
"妈妈你看，我做的！"
"嗯！妈妈看！哇！有一个时钟，每个数字都用不同颜色的黏土，而且都黏得很牢固，看来你在做的时候，一定很用心在思考，并且是细心地黏上去的！"

孩子挤出黄色和红色颜料，并把它们混在一起，然后很得意地发现了颜色的变化。
"你知道把黄色和红色颜料混在一起，就变成橘色了。"

孩子小心翼翼地堆积木。
"你会用这些积木拼出你想要的东西。"

孩子努力地爬向娃娃屋的屋顶。
"你很努力地一步步往上爬！"
"啊！好滑，你滑了下来。"
"你仍然努力地爬！"
"哇！你能够自己爬上娃娃屋的屋顶了！"

当孩子的行为表现出他的能力时，爸爸妈妈如果能反映出来，让孩子知道我们看到了他的表现，那么我们的用心与肯定便会经由这些点点滴滴，让孩子相信自己是有用、有价值、有能力且受到重视的个体。如果能运用正向积极的态度与方法，对孩子的正向行为予以鼓励，并从小处给予肯定，爸爸妈妈便能做到尊重并欣赏每个孩子不同的优点。

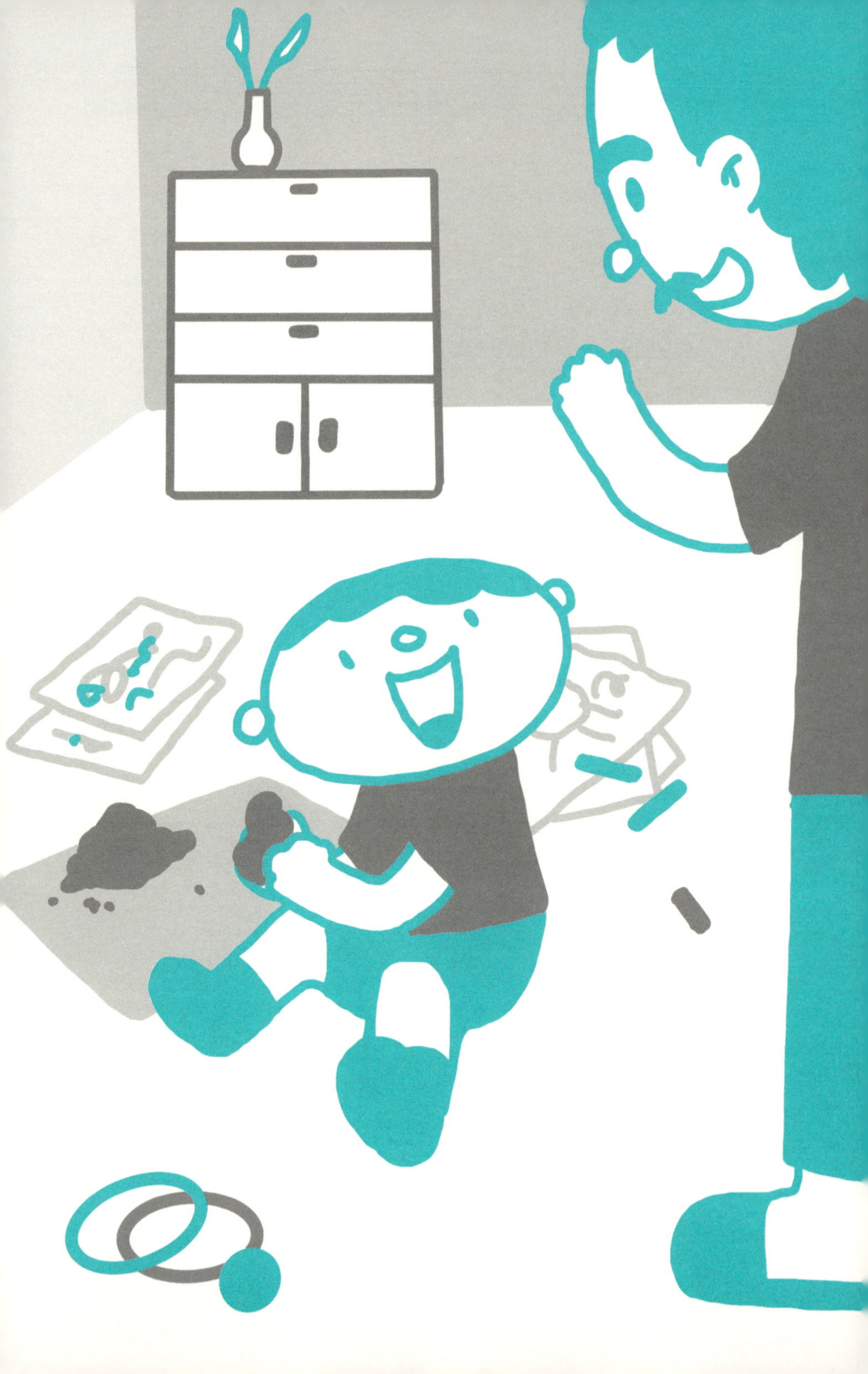

第四章　反映孩子的正向行为，提升孩子的自尊与自信

观察与调整
✦ 告别习惯的误区

能否具体地反映孩子的正向行为是这个单元的重点，让我们一起自我观察并调整，想想以下情况中如何对孩子的行为进行反映。

1. 越是不听话的孩子，越不能给予温柔的肯定与赞美？

并非如此，孩子不听话，需要了解其真正的心理需求是亲密需求、自主需求还是这两种需求的交互变化。第二章提到孩子出现令爸爸妈妈困扰的行为时，其背后都可能有类似下述的心理需求或心理状态：

（1）孩子想得到父母的关注或肯定。
（2）孩子想要自主决定，但这个自主需求被否定或忽略了。
（3）孩子想得到父母的关注或肯定的同时，又有自己的想法，不愿意被改变。
（4）孩子很有自己的想法，被拒绝后转而黏着父母，想要得到父母的关注。

当爸爸妈妈了解了孩子不听话背后的心理需求或心理状态时，要先回应孩子的心理需求，然后再对孩子的行为设限（第八章会详细介绍），而非仅仅处理孩子不听话的行为。

更重要且积极的做法是，面对这些所谓不听话的孩子，当他们有好的行为表现时，爸爸妈妈更要及时、具体地说出孩子的正向行为，比如"我看到你把玩具收到篮子里了！""我看到你先洗手再来拿饼干吃！"，而不是"好乖""好听话"这种结果式的赞美。孩子的行为被爸爸妈妈看到、肯定、尊重，同时他想要被关心的亲密需求得到满足，那他就会越来越愿意做这些事情。简而言之，面对不听话的孩子，不是要赞美，而是要针对孩子的正向行为给予更多具体的肯定。

2. 孩子做了分内的事情，如写作业，帮忙做家务，不需要给予鼓励？

事实上，这个问题可以从 3 个不同的层次来考虑。

（1）基本上，孩子完成这些分内的事时，仍然需要鼓励。鼓励的方法依然是具体地反映孩子的行为，尤其当孩子在面对这些分内的事情却表现得很被动时，可以适时地在孩子开始做这些事情时就有所反映。

（2）当孩子逐步有责任感地主动去做分内的事情时，就可以转为针对孩子做事的态度与责任心加以正向鼓励，例如，"小明一回家就开始做作业，爸爸觉得你很负责任！"这种鼓励是具体的行为加上"负责""认真""坚持"等美好的品格与特质，不同于那些"美""乖""棒"之类的赞美。

（3）最高层次就是，孩子自发地完成分内的事情，这种行为已经内化为自律，成为孩子的习惯，也就是说，即使我们不在他身边，没有任何反映与关注，他仍然会自我要求，自发地做好。那我们就不必针对这些行为给予鼓励了，因为孩子已经养成在这方面自律、自我负责的美好品格了。恭喜！

3. 孩子长大了，对于亲子间亲密的互动会很不自在，所以不要有亲密的互动？

这是不正确的说法。亲子间的互动习惯是自小培养的，亲密温暖的亲子关系并不会因为孩子成长而不同，只是我们表达亲密的方式可能会因为性别、年龄、个人特质而有所差异。例如：孩子小的时候，我们会亲亲抱抱，但青少年时期的大孩子会有些身体上的界限，改以拍肩、握手、写关怀卡片或是肯定的表情与话语可能是更适合的方式。此外，女儿与妈妈表达亲密的方式，也会有别于女儿跟爸爸的互动方式。

总之，亲密需求是每个人都渴望的，不会因为年龄大了就不需要。孩子长大后，亲子间仍然需要有满足亲密需求的互动，但要以对方舒服、可以接受的方式进行。

所以，当孩子对你的亲密互动方式感到不自在时，不是他不需要亲密互动了，而是你表达的方式可能要有所调整。

4. "好美！""好棒！""好聪明！"都是在赞美孩子，所以要常挂在嘴边，说给孩子听？

这是一种结果式的赞美，只重视事情的结果，而忽略孩子努力的过程，应该尽量避免。请将"具体地反映孩子的正向行为"作为我们赞美孩子的方式，例如，"这张画在你不断地努力下，看起来真美呀！""你勤劳地帮忙打扫，教室的垃圾都没有了，环境变得好干净，你真的好棒！"

如果爸爸妈妈在孩子还小的时候，就经常用"好美！""好棒！""好乖！"等赞美孩子，久而久之，孩子会很喜欢得到这样的赞美，甚至每做一件事就会期待别人的赞美。可问题是，这类赞美不是自己说了算，它一定是出自别人的口中。如果爸爸妈妈或周遭的人没有给孩子这些赞美，那他就会很失落，甚至很受挫。

反之，如果我们是用具体地反映孩子的正向行为的方式来鼓励、肯定孩子，久而久之，孩子就会聚焦在这些好的行为上，而不会聚焦在爸爸妈妈的口头赞美上。这些好的行为是孩子自己可以决定与掌控的，而"好美！""好棒！""好乖！"是要别人给的，孩子自己无法掌控。各位爸爸妈妈了解这两者间的差别吗？如果每做一件事情都是在渴望别人给予赞美，那孩子会过得很辛苦，情绪也会经常受制于人，可若是可以自己决定与掌控，那孩子就会自己判断，并且能够自己负责，而这才是我们期待孩子拥有的能力。

5. 孩子考了优异的成绩，就是要赞美他的表现？

请勿让孩子以为成绩优异才是被赞美的原因，而忽略了平日努力用心学习的过程。考了优异的成绩，孩子绝对经历了一个十分努力的过程，此时我们就要反映出这个过程。请试着这样说："妈妈看到你总是认真地复习功课，今日才有了优异的成绩,恭喜你哦!"也可以更具体地反映:"妈妈看到你在考试前一周就自己拿参考书出来练习,也听到你背书的声音,还拿数学题目问爸爸,难怪你考得这样好!"

6. 为了孩子好,要经常提醒他没做到的或忽略的小细节?

经常提醒就会变成唠叨、不受欢迎的大人!虽然爸爸妈妈总是为了孩子好而提醒孩子,然而过多的提醒,也呈现出爸爸妈妈对孩子的不信任,并让孩子感受到自己不够好,还可能影响正向的亲子关系。爸爸妈妈应该适当地自我约束,避免无效且过多的提醒。

第五章

反映孩子的情绪,
让孩子学会情绪管理

第五章

动不动就生气、
爱哭、很固执，
姐弟天天争吵，
一点不顺，他就哭、生气，
想要什么就非吵到给他不可。

好久好久的故事　是妈妈告诉我
在好深好深的夜里　会有虎姑婆
爱哭的孩子不要哭　它会咬你的小耳朵
不睡的孩子赶快睡　它会咬你的小指头
还记得还记得　眯着眼睛说
虎姑婆别咬我　乖乖的孩子睡着喽

很多小朋友只是听着妈妈唱《虎姑婆》的旋律，就在妈妈的陪伴中睡着了，也有很多知道歌词意义的小朋友，就会害怕得不敢一个人睡，一定要妈妈陪着一起睡觉，甚至是紧紧地抱着妈妈睡觉。一段时间之后，孩子就会知道不会有虎姑婆的，只有妈妈的陪伴与拥抱。所以，这首歌绝对不是要用来吓小朋友，而是要我们了解成长过程中的孩子都需要我们的陪伴，当他害怕、担心或焦虑时，就更需要我们的陪伴。

第五章　反映孩子的情绪，让孩子学会情绪管理

> 情绪反应是人类求生存的一种本能反应，例如到一个陌生或可怕的环境，会紧张、担心，生理进入一种警戒状态。跌倒受伤会痛、会难过，看到妈妈就哭了起来，这些都是孩子正常的情绪反应，大多数爸爸妈妈都能理解。可孩子若是因为不顺他的意或不符合他的期待，就开始哭、吵、闹、发脾气等等，爸爸妈妈就会特别头痛、苦恼，不懂孩子为什么会有那么多情绪。

◆ 为什么父母越干预，孩子脾气越不好？

孩子吵着要吃饼干，妈妈表示就要吃饭了，所以坚持不给孩子吃，孩子就赖皮躺在地上号啕大哭。此时，受不了孩子哭闹的爸爸就说话了：

"哎呀，很吵！就一块饼干嘛，他要吃，就给他吃！"

这样的回应可能会让孩子记住只要吵就会有饼干吃，可以说孩子的情绪是爸爸妈妈纵容出来的。

"你就是爱哭，跌倒了就哭！哭！哭！真烦人！"

面对这样的回应，孩子的情绪不仅不会缓解，反而会越来越强烈。孩子会越哭越大声，也会越来越爱哭。此时孩子的强烈情绪是爸爸妈妈引发出来的。

经常有爸爸妈妈表示，孩子的脾气实在是太糟糕了，只要不顺他的意，他就可以哭上一小时，甚至还伴随着伤害自己的行为，逼得爸爸妈妈屈服。亲友、邻居看得都摇头，不懂孩子的脾气为何会那么大。有些爸爸妈妈甚至怀疑自己的孩子是不是有情绪困扰或情绪障碍。

我称此类孩子为"暴冲儿"，让人担忧的是这种"暴冲儿"似乎越来越多。情绪本

游戏养育——在游戏中发现孩子的天性与潜力

来是人在人际互动和面对不同事件时的正常反应,为何孩子会在不顺他的意或不符合他的期待时就出现强烈的情绪,甚至变成一个"暴冲儿"呢?我归纳出 3 个关键的原因。

1. 爸爸妈妈经常用威胁或者其他不接纳的态度来因应孩子不适当的行为或要求。例如,有的爸爸妈妈在面对孩子的哭闹时,经常会说:

"你再吵,我就打你!"
"你再吵,我就不爱你了!"
"你再吵,我就不要你了!"

然后爸爸妈妈就会推开孩子,拒绝孩子靠近,或是做出离开孩子的动作。这样的责骂及行为瞬间让孩子充满了焦虑,甚至觉得被抛弃了,如此一来,孩子的情绪就会立即扩大,并陷在强烈的不安全感中。

此时孩子的情绪已经不再只是之前那件事情引起的哭闹,而是增加了很强烈的焦虑与不安全感。一个没有安全感的孩子,情绪怎么可能平稳呢?!

2. 爸爸妈妈骂过孩子之后,孩子的情绪不但没有平静下来,反而越来越强烈,甚至出现自伤或破坏的行为,此时爸爸妈妈也不知道该怎么办,最后就只好顺了孩子的意。如此一来,就更加强化了孩子强烈的情绪反应以及那些自伤、破坏的行为表现。

上述这两种养育方式中的任何一种,都会让孩子情绪暴躁。令人担忧的是,对于大多数情绪暴躁的孩子,他们的爸爸妈妈经常同时在用这两种养育方式应对孩子的哭闹。他们不仅无法坚持原则,还经常一边责骂孩子,一边说出否定孩子或其他让孩子没有安全感的话,如:

"我不喜欢你了!"

"你不乖!"

"你是个坏蛋!"

在这两个关键原因的交互作用下,孩子越来越没有安全感,情绪本就比正常反应要强烈,又加上每次声嘶力竭之后,就会得到想要的,自然就成了一个没有安全感又有严重情绪困扰的"暴冲儿"。可以说,现今许多有情绪障碍的"暴冲儿"都是爸爸妈妈错误的养育方式造成的。

3. 爸爸妈妈本身的情绪不是很稳定,孩子的情绪或行为稍微有点不配合,爸爸妈妈的情绪就爆发了出来。比如有时候爸爸妈妈心情好,很多的要求就变得很宽松,但当心情不是很好的时候,就又变成不管孩子怎么做都会骂孩子、指责孩子。如此下来,对孩子就会有两种影响:一是孩子会变成在爸爸妈妈面前很压抑,时间久了压抑不住,就会情绪爆发;二是孩子的情绪也变得很不稳定,喜怒无常且伴随很多焦虑、紧张,久而久之,孩子的情绪反应越来越超出正常状态,就会成为所谓的"暴冲儿"。

简而言之,孩子的情绪表现或许跟先天气质有关,但孩子的情绪反应之所以会超出正常状态,甚至成为"暴冲儿",多半跟爸爸妈妈或其他主要照顾者的养育方式密切相关。

◆ 百分百接纳孩子的情绪

日常生活中,有时要去关心孩子的情绪,但有时又不能太关注孩子的情绪,尤其不能在孩子有情绪的时候满足他的要求,这其实是一件不容易的事,也导致很多爸爸妈妈面对孩子的情绪时不知道该如何回应、如何拿捏。

其实,情绪作为一种主观感受,没有对错好坏。而且情绪是有动力的,善用情绪的动力,可以成就很多事情;可是如果没用好这些动力,就会带来很多麻烦。例如愤怒、生气可能带来想伤害自己或别人的动力，但也可能转化为努力争取成就的向上的力量。而让情绪带来的动力转化成正面力量的基础就是要先接纳这些情绪。

· 理会孩子的情绪，让孩子不孤单

情绪要百分之百地被接纳。当孩子表露情绪时，不管是正向的还是负向的，请记得都要回应孩子的情绪。因为一个人的情绪没有被回应，会产生很失落的感觉。试想你因为一件事情在难过、生气、担心，却没有人知道，那整个人就会有很孤单的感觉，是不是？如果有一个人知道你有这些情绪，可是却不理会，你可能在感觉更孤单之外，还会有很强烈的失落感。

一个人并不可怕，孤单与失落才是让孩子害怕甚至无法承受的！

· 孩子情绪高涨时，讲道理也没用

孩子在情绪高涨的状态下，是没办法理性沟通的。我们要先协助孩子将情绪平稳下来，之后再来谈规范、规则或解释才会有效果。孩子溺水的时候，不是教他游泳的时机。

· 适度反映孩子的情绪，就是一种接纳

情绪就像一只刺猬，你顺着它，安抚它，就不会被情绪的刺所伤，但你若是要与它对立，就会很容易被刺伤。要传递接纳的讯息，我们可以适度地反映孩子的情绪。

"我知道你很难过！"
"看你这么快地跑过来，你好开心啊！"
"你一直摇头、一直摇头，好伤心，好无奈，你无法接受这样的结果！"
"你瞪大了眼睛，好生气啊！"

我们可以根据孩子的表情、行为及身体语言判断出孩子的情绪,然后将感受到的情绪描述出来,这样孩子便会感受到他的情绪没有被禁止而是被接纳了。

·给孩子时间,情绪缓解需要过程

当我们反映了孩子的情绪,即使他已经感受到并接受了我们对他的接纳,也不要期待孩子的情绪会马上缓解下来。接下来我们要让孩子有机会学习处理自己的情绪,也就是我们要学习"等待"。留给孩子时间与空间,让他用自己的方法来觉察并缓解自己的情绪。

·接纳情绪,不是被孩子的情绪绑架

虽说我们要关注、反映孩子的情绪,有时也请注意不要被孩子的情绪威胁或绑架。也就是要能分辨这是孩子正常的情绪反应,还是孩子在用情绪威胁或绑架爸爸妈妈。

当孩子因为承担或面对事件而产生情绪,如考试、比赛前的紧张焦虑,跌倒受伤时的难过等,我们要接纳孩子的这些情绪,并给予安慰。

面对孩子索取或逃避责任时衍生出来的情绪,爸爸妈妈要温和地坚守原则。例如孩子因为赖皮不遵守原先说好的规范,某些要求(通常是物质性的东西)没被同意,做错事情想逃避责任等而哭泣、生气,这时,爸爸妈妈反而要冷处理,亦即不要因为想缓解孩子的情绪而同意他的要求,而是要温和地坚守原有的规范。然后,给孩子时间去处理自己的情绪,而不是用物质来安抚他。

以下是一位游戏治疗师的实践心得分享。

> 今晚是第三次游戏治疗了,我放松心情等待你的到来。
> 隐隐约约听见了你的哭声从楼梯传上来了。
> 我和小熊布偶在门口等着你,你哭着看了我和小熊,又四处望望,然后走向

游戏治疗室。突然,你停下了脚步,又走回大门。

"对于这个地方,你还是有点害怕。"我反映着你的心情。

"看你一直低着头,拉着妈妈的手,你不要妈妈离开。"我继续反映你的心情与行为。

我发现你已不像上次那般号啕大哭了。

然后,你走进游戏治疗室,选了沙盒和玩具,时而走向妈妈,时而又走回去玩。(还是有点抽泣声。)

我还是继续反映、反映、再反映。

"你回头看妈妈是不是还在。"

"你拿着一辆汽车给妈妈看。"

"你摸了一下沙子,然后看着妈妈,好像要问妈妈'我可以玩沙吗?'"

"是的!在这边你要怎么玩都可以!"

不知道什么时候,你的哭声停止了。

你把小屋里的球搬出来,玩了一会儿。接着,你在一箱海洋动物的玩具里发现了海星。

你好开心,一直拿着海星转呀转,还把海星放进沙盒里。

"哟!有这样的玩具!"

"你好开心地拿起来,还放到了沙盒里!"

"让它在沙子上一直转,一直转……"

"不停地转,不停地转!感觉好像在游泳!"你回看了我一眼,好像我说对了!

就这样,你一直玩着海星直到游戏治疗结束。

结束前,你把双手合拢比着游泳的样子。知道你要跟我说海星会游泳,我说:"哦,你知道海星会游泳呢!"

今晚的疗程,你又进步了。犹记得前几次你连游戏治疗室都不愿意进来,走进来又走出去好几回。

现在,你的哭声大大减少了。玩玩具时,时而看看我,时而走向妈妈抱一下,然后把玩具递给我。从你的表情、游戏过程以及看我的眼神,我似乎也慢慢地能了解你内心想要表达的想法和情绪了。

谢谢你让我有学习的机会,让我学习如何去了解你的内心世界,通过游戏与玩具协助你把你的需求、你的想法、你的情绪和情感表达出来。相信有一天,你会自己表达你的想法与需求。

祝福你,也祝福我自己,让我们在游戏治疗的旅途上继续往前走。

孩子的情绪是需要百分百被接纳的,而反映孩子的情绪则是希望孩子接收到我们对他的情绪的了解与接纳。但反映情绪的目的不是让孩子的情绪消失,而是给孩子多一些时间来缓解并整理自己的情绪。当我们能以这样的态度来面对孩子的情绪时,才是真正百分百地接纳。

✦ 反映孩子情绪的误区与关键

适度地反映孩子的情绪不仅可以增进亲子关系,更能让孩子成长。但也有很多人误解与误用了反映情绪这一技巧,导致孩子出现情绪泛滥或情绪勒索的现象。以下列举几个常见的谬误以及真正有效的关键。

·反映情绪不是让情绪消失

很多爸爸妈妈或老师会担心，在我们回应孩子负向情绪的时候，是不是也在增强他们的负向情绪，亦即越是反映他的难过、哭泣，他反而哭得更大声。其实，接纳孩子的情绪，不代表同意他的行为，而且情感反映的目的并不是让孩子的情绪消失。现在很多爸爸妈妈遇到的挑战是，在反映了孩子的负向情绪后，孩子的情绪不见得会平静下来，导致爸爸妈妈软硬兼施地想安抚甚至压抑孩子的情绪，其目的就是想让孩子的情绪消失，但其实这些软硬兼施的方法都不是在反映孩子的情绪。

"小明！不要哭了！爸爸下次带你去游乐园玩！"
"小明！不可以赖皮！要听话，你最乖了！"
"小明！你每次都这样吵！烦死了！再哭，回家就修理你！"

上述这些话其实并没有反映出孩子的情绪，甚至在否定、拒绝孩子的情绪！更严重的是，类似这样的话都是在强调孩子负向情绪所伴随的行为，也就是在增强孩子的这些负向行为，因为注意到孩子的什么行为，那个行为就会被保留下来。因此，越是用这种方式带孩子，就越会觉得孩子难带，爸爸妈妈会很受挫。

·要反映孩子的情绪，但不要一直反映

虽说了解以及反映孩子的情绪是很重要的，但很多爸爸妈妈或老师也会质疑："我"已经反映孩子的情绪很多次了，但孩子的情绪仍然还在！这个质疑一语道破对反映情绪的误解。

很多人以为反映情绪是要不断地反映孩子的情绪，其实不然。当我们正确地反映了孩子的情绪之后，如果孩子的情绪与行为还是没有缓解或调整，我们就不要再继续反映孩子的负向情绪了。孩子的负向情绪常常伴随着哭、闹、赖皮、生气等行为，当爸爸妈妈反映孩子的情绪超过 2 次以上，而孩子的情绪与行为却没有缓解或修正时，过多的反映就会强化孩子的负向行为。其实，正确地反映孩子的情

绪 1 ~ 2 次就够了。记得情绪的缓解需要时间，因此要懂得等待。

· 对于违反规定或伤害身心的行为，具体的规范更重要！

我们一直强调反映情绪的重要性，但也不是事事都要反映孩子的情绪的！例如，当孩子的行为违反规定或会伤害到自己或别人时，我们就不能只是反映孩子的情绪，而是要很清楚地跟孩子讲规则。

> 孩子生病咳嗽却吵着要吃冰激凌。
> "不让你现在吃冰激凌，你好伤心！"

这是在反映情绪，但孩子不见得会听话不吃冰激凌。

> "生病了，吃冰激凌会让咳嗽更严重！所以，不能吃冰激凌！"

温和而坚定的表达才有可能让不合规定或伤害身心的行为消失，这点在第八章还会详细地说明。

· 反映情绪的关键在于反映孩子内心的真正需求

> "同学在背后说你的坏话，让你很难过，也很生气！"
> "弟弟在旁边吵着要妈妈抱，让你很生气！"
> "你心爱的钢笔不见了，你好难过，又好懊悔带去了学校！"

上面这些反映都是很好的，但只做到了浅层次的反映。如果我们能将孩子内心真正的需求或感受反映出来，那孩子在感受到被了解、被接纳的同时，会更有动力在情绪或行为上做出更适当的调整或修正。

> "同学在背后说你的坏话，让你很难过，也很生气！其实你真正在乎的是，

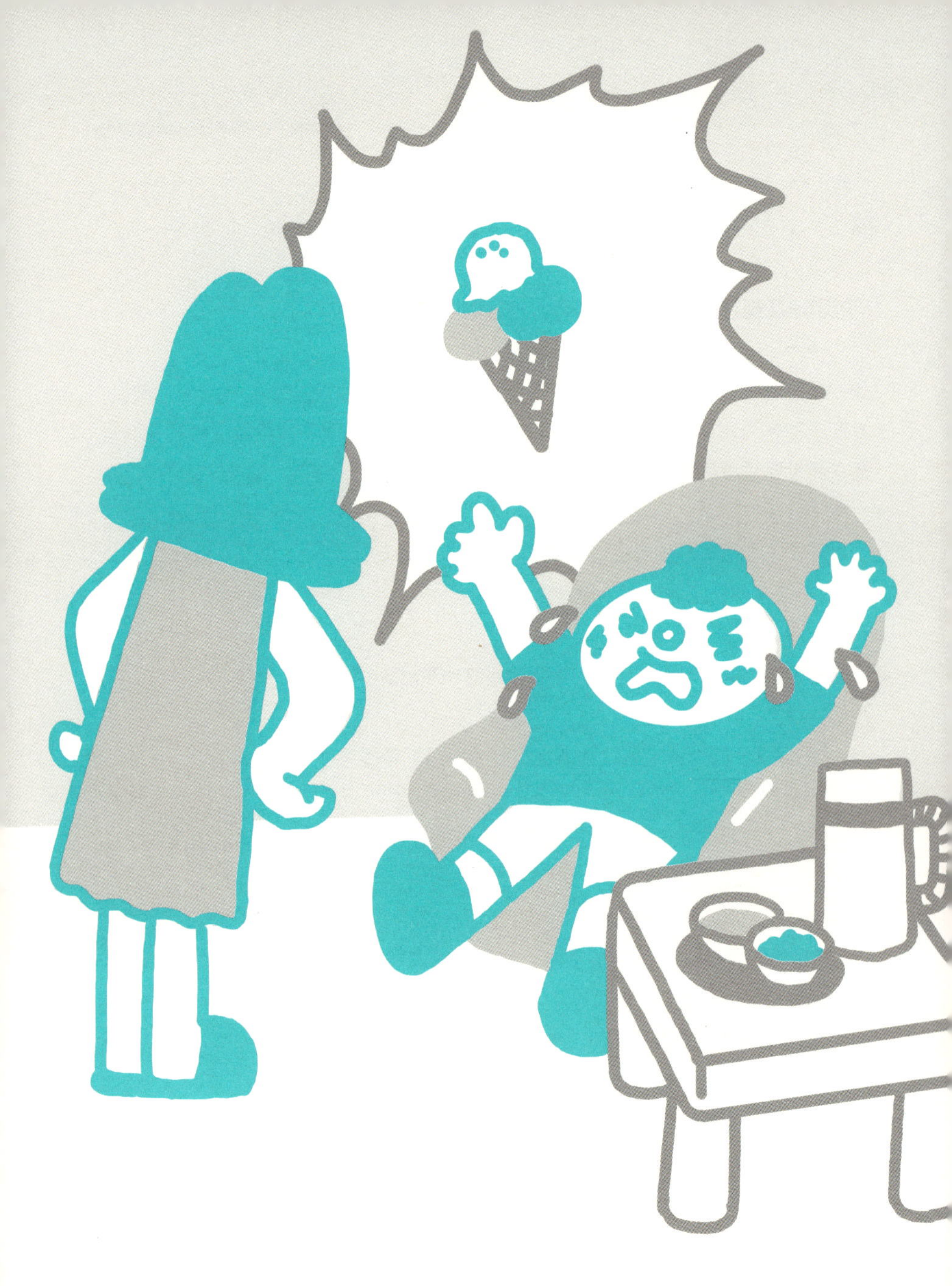

会不会有人乱说话导致其他同学都不跟你做朋友。"

"弟弟在旁边吵着要妈妈抱,让你很生气!其实你好希望妈妈能专注地陪你讲故事。"

"你心爱的钢笔不见了,你好难过,又好懊悔带去了学校!因为这支笔是爸爸送你的,你觉得很对不起爸爸。"

这些话反映出孩子内在真正的需求或感受。体会看看其中的不同。

✦5 个步骤因应孩子的强烈情绪

当孩子出现强烈的情绪反应或情绪持续时间很长时,我们该如何因应孩子的这些强烈情绪呢?处理方式可大致分为以下 5 个步骤。

1. 不要增加孩子的不安全感。当孩子有不合理的要求时,不要再说"我不要你了!""我要离开你了!""你这样子,妈妈不爱你了!"之类的话。并且当孩子的情绪越来越激烈的时候,我们一定要在孩子的旁边或他看得到我们的距离范围内。如果是在自家以外的地方,绝对不要出现掉头就走的行为。

2. 看着孩子,然后反映他的情绪或要求,例如"你生气弟弟把你的玩具弄坏了!""你好想吃冰激凌!""你好想买那个玩具!",然后在很短的时间内接着进行第 3 个步骤。

3. 很明确地说出我们的规范、界限或拒绝孩子的要求,例如"你不能吃冰激凌!""不能再买这个玩具!"。

上述 3 个步骤在告诉孩子:**妈妈会在这里的,妈妈接纳你的情绪,但妈妈不能接受你的行为与要求。**虽然此时孩子不会乖乖配合,但至少不至于扩大孩子的情绪。

4. 这步是重复第 2、3 个步骤。实际情况通常会需要爸爸妈妈再次反映孩子的情绪，但不要超过三次，然后就看着孩子。但有时孩子觉得我们关注他，以为我们心软了，可能会同意他的要求，因而更赖皮，面对这类孩子，就不要看着他，但要让他知道我们还在这里，没有离开他，没有抛弃他。如果是在室外，可能我们要留在原地，或强制带孩子离开。如果是在家里，我们可以在旁边陪着孩子，也可以告诉孩子我们在哪里，当他需要的时候可以随时叫我们。

"嗯，你还在气妈妈不买玩具给你。"
"妈妈就在客厅，你想找妈妈的时候就可以到客厅来。"

5. 这个步骤其实是和第 4 个步骤交替进行的，也就是要具体地反映孩子的正向行为。这个步骤其实很关键，大多数爸爸妈妈在面对孩子激烈的情绪时，会一直聚焦在孩子的情绪上，殊不知在孩子整理自己情绪的过程中，情绪不会瞬间消失，而是会慢慢地缓解。孩子会有一些情绪缓解的迹象，如开始看着妈妈，拿卫生纸擦脸，开始注意到周遭的事物，等等。我们要去注意并反映孩子的这些转变，而不是要求他不要有情绪、不要哭、不要生气。

"你拿卫生纸擦脸了。"
"嗯！你在看妈妈，没有哭了。"
"你想来妈妈这边就过来吧！妈妈一直在这边的！"

上述 5 个步骤中，前面 3 个步骤是基础，到了第 4、5 个步骤时，虽然还是在反映孩子的情绪，但已经逐渐将焦点从情绪转移到孩子转变的地方。整个过程最重要的是，爸爸妈妈表达了对孩子这个人的接纳，但对于孩子那些不被接受的行为或要求，仍是很坚定地守着界限。

以下是一位学习结构式游戏治疗的幼儿园园长的实践分享。

今早带着大班的孩子到公园去，刻意选择了一条路线，不仅需要跨过约半米宽的沟渠，还要爬上一个小小的斜坡。

6岁的小明，一走到沟渠前就哇地哭起来，站在原地不动。

我让同事带着其他跨过沟渠的孩子先去公园，自己站在沟渠的另一边，专注地看着小明。

"我知道你是担心自己跨不过去，你会害怕，所以才会哭。"

小明没回应，继续哭。

孩子每次面对一个新的事情或挑战时都会这样哭。这时，我提醒自己不要聚焦在他的哭上。

我蹲下身子，看着小明说："我在这里等你，我不会走开。"

小明瞄了我一眼。

"我在这里陪你！"我慢慢地重复了几次。

"我知道你可以做到的！"我知道他做得到，所以语气是很笃定的。

我看到他揉眼睛然后脚向前移动了一点。

"我看到你向前了一步！"我说。

他还是哭，可是双脚慢慢向前移到沟渠边。

"我看到你开始往前了，可是因为你在揉眼睛，我担心你看不清楚。"

突然他不哭了，看着自己的脚，一蹬，就跨过去了。走向我的时候，他还对我轻轻地笑了！

我伸出手，他和我击掌。我握住他的肩膀说："我知道你做得到，我相信你！"

我问他："我们现在是要在这里等他们，还是去追他们？"

他马上说："去追他们！"

今天这样陪伴这孩子，我感到特别满足。我知道要先接纳孩子的情绪，让孩子知道我了解他，但又不要一直聚焦在他的情绪上，并且要让他知道我在旁边陪着他，没有指责他，更没有抛下他。我反思着，如果我像过去一样，没有专注地看到并反映孩子转变的行为（如开始轻轻移动的脚步），还一直想让他的哭声停止，他一定一如往常地哭着，僵着，至少一小时。

> **Tips**
> ✦ 反映孩子的情绪，让孩子感到被理解

在华人社会中，亲子、师生间的地位或权力大多是不平等的，身为父母或老师的大人们容易陷入一种"听我的！"的沟通状态，久而久之，就容易忽略孩子的感受。

"爸爸最讨厌了，原本答应放假时要带我去游乐园玩，真的放假了，又说他很忙，等过段时间再陪我去玩，都是骗人的！"
"妈妈最讨厌了，每次都要人家喝这种苦苦的汤！"
"为什么弟弟还小，我的玩具就要给他玩，不给他玩，就说我小气？！"

在大多数爸爸妈妈的心中，孩子有时就是埋怨一下，事情可能很快就过去了，毕竟孩子还小，这些也都是小事，再哄一哄就没事了。殊不知，一直忽略孩子的感受，会让孩子感到孤单、失落，更严重的是会培育出一个情绪暴躁的孩子。

研究指出孩子在缺乏了解与陪伴的环境下成长，容易倾向情绪失控以及暴力。现在的老师每天都要战战兢兢地看好班上的"分心三宝""暴怒三宝""冲动三宝"，这些孩子就像家中或教室里的不定时炸弹，考验着家长和老师的心脏强度。"缺乏挫折承受力""缺乏同理心""容易发脾气"，是目前中小学生情绪管理的三大问题。为何会这样呢？一个重要的原因是，大人们都很忙碌，压力也很大，只是急着想解决问题，只要孩子不哭、不吵、成绩进步就好，常常忽略了孩子的感受。在这样的背景下，反映孩子的情绪显得尤为重要。

反映情绪的技巧简单说就是**说出你看到或感受到的孩子内在可能的情绪状态。**

当孩子遇到一些事件而自然出现情绪时，我们都应该及时反映出来，因为完全不理会孩子的情绪会让孩子感到失落与孤单，若是泼孩子冷水或否定孩子的情绪，就更是在伤害孩子了。

"有什么好让你这样开心的！"

"高兴一下就好，要继续认真读书！"
"不准哭！"
"自己不小心，还敢哭！"
"你就是爱生气！真受不了你！去去去，不要烦我！"

反之，如果能即时把这些观察到的情绪用口语表达出来，就可以让孩子知道你了解他此时的感受是什么。而且被深入了解是一种正向的满足，这种满足有助于孩子学习认识自己的情绪及接纳各种不同的情绪经验。

"能把它组合起来，好开心啊！"
"你好开心地告诉妈妈你考了100分！"
"玩具车不见了，怎么都找不到，好难过。"
"哇！破掉了，看你哭得好伤心，好舍不得噢！"
"弟弟又把你堆的积木弄倒了，好生气！"

人的情绪是很复杂的，所以在反映孩子的情绪时，不要求百分之百正确，但我们的态度要是温和的、接纳的，让孩子知道他是可以有情绪的。需要注意的是，身为爸爸妈妈的我们，不要因为受到孩子情绪的影响，自己也产生生气、烦躁、难过等情绪。

"你很高兴你能把这个接起来了。"
"你很兴奋你能把这个做好，也想让我知道你的快乐。"
"你很生气，拼图老是拼不好。"
"你非常生气，费那么大的劲还是拼不出来，让你气到不想再玩了。"

实际上，不同的爸爸妈妈有着不同的沟通类型，这就需要我们将反映情绪的技巧与自己的沟通类型整合起来。例如孩子一早准备上学，发现自己的作业本不见了，着急地找，眼看爸爸急着上班，自己上课也快要迟到了，孩子急得在旁边哭。这时，不同沟通类型的爸爸可能会有以下反应。

理智型：
"还好意思哭！早就告诉你，东西要收好，每天晚上睡觉前，一定要整理好东西！"

拯救型：
"来！来！爸爸帮你找，不要哭了！"

冷漠型：
"活该！不管你！"说完径自准备出门。

否定型：
"爸爸就要迟到了，不准哭！放学回家再算这笔账，东西都不知道收好！"

上面这四种不同沟通类型代表着不同的特质，并无对错好坏之分，只是他们都忽略了"反映孩子的感受"这一重要元素。如果能在做出上述反应时，加上对孩子感受的反映，同时管理好自身的情绪，那可能就是另一种情形。

理智型：
"找不到作业本，你好担心到学校会被老师处罚，以后东西要收好，每天晚上睡觉前，一定要整理好东西！"

拯救型：
"找不到作业本，你好担心到学校会被老师处罚，爸爸帮你，但如果 5 分钟内没找到，我们就要出门了！"

冷漠型：
"找不到作业本，你好担心到学校会被老师处罚，你继续找，我去准备将车开到门口等你！"

否定型：

"找不到作业本，你好担心到学校会被老师处罚，但是爸爸就要迟到了，我不能等你了，走吧！"

或许孩子还是没找到作业本，他必须带着他的担心去上学，但让他自己面对到学校后的压力也是一种学习，爸爸妈妈其实不需要干涉太多。总之，不管爸爸妈妈属于哪一种沟通类型，只要能反映出孩子的感受，都会让孩子感觉到爸爸妈妈对他的了解。

观察与调整
✦ 父母做好情绪管理，才能缓解孩子情绪

如果能做到适当地反映孩子的情绪，让孩子感受到被了解、被尊重，亲子关系自然就会越来越好。但这有一个基本前提，就是爸爸妈妈的情绪足够稳定。请自我检核以下几个情境，符合的越多越需要做好自己的情绪管理哟！

我觉得我好像一两天就会大吼一次。

我总觉得回到家比上班还要有压力。

我有时会莫名地有情绪，我都怀疑自己是不是需要接受心理辅导。

我经常觉得自己好像要枯竭，没电了。

我有时会因为受不了孩子的情绪而处罚他。

我会急于想让孩子的情绪平静下来。

我经常对孩子说"不要哭""不准哭""不可以"等类似的话。

我看到孩子的样子就很想骂他。

每到孩子大考期间,我总觉得精神紧绷。

我很容易没耐心。

对于养育孩子,我常常感到很无助。

我很在乎别人对我孩子的评价。

第六章

反映孩子的内在,让孩子了解自己

游戏养育——在游戏中发现孩子的天性与潜力

第六章 **要让孩子听你的话，先学会听他说完话。**

在故事《木偶奇遇记》中，男主角匹诺曹活泼好动又爱玩，当他接触到外面花花世界的新奇与有趣时，经常受不了外界的诱惑，而出现许多负向行为，其中最经典的就是说谎。匹诺曹一说谎，鼻子就会变长。

各位爸爸妈妈知道吗，孩子之所以说谎，是为了要掩饰内心真正的需求或欲望。为什么孩子要掩饰呢？绝大多数的原因是怕被爸爸妈妈骂。如果爸爸妈妈能早早地觉察到孩子内在真正的需求或欲望，说谎等偏差行为就不会出现了！

> 回想童年里一段快乐的回忆，你想到的会是什么？
>
> 绝大多数人记得的都是"玩"，或者说是跟着某人一起做一件事情。这样的回忆有时充满欢乐与兴奋，有时则是轻松中带着淡淡的喜悦，不管怎样，就是有着一种被陪伴的感觉。不管年纪多大，有个了解你的人陪着你是多么重要的一件事。而倾听跟陪伴是相辅相成的！有一个了解你的人陪着你、听你说，这个过程就会给你满满的力量，让你更能面对困境与压力。
>
> "听"虽然是本能，却不是人人都"会听"。人际关系建立的根本在于倾听，会听才能有所成长。如果只是说，没人听，也没人回应，那无助于关系的增进。就像棒球赛，只有投手，没有捕手，也就不能成赛。只会说却不会听，也不能造就好的沟通与好的关系。
>
> 良好的关系始于用心聆听，优质的亲子关系也是如此。

第六章 反映孩子的内在，让孩子了解自己

> ✦ 初阶：停，看，听

游戏养育将抽象的用心聆听转化成具体的做法，首先是基本功——专注的陪伴，可以细分为**停**、**看**、**听**三步。

停：也就是停下手边所有的事情，不要一边看似陪着孩子，一边还在做自己的事。不仅如此，陪伴者不要想着还有哪些事情没做完，这样才有可能做到专注地陪伴。

看：以打从心底愿意欣赏的态度，专注地看着孩子，这样孩子才会觉得你是在陪伴他，而不是在观察或监督他的言行。

听：很有兴趣地听孩子讲，不要打断他的话，更不要急着提醒、纠正或教导孩子，耐心地让孩子说完。记住，**要让孩子听你的话，请先学会听他说完话。**

"停、看、听"就是一种百分百的专注，这种专注会让人觉得自己是被喜欢、被接纳、被肯定的！请拿出热恋中的互动态度，贯彻"停、看、听"！

> 小明拿着一张在学校画的海底世界图，兴冲冲地跑到厨房，要给正在忙着做晚餐的妈妈看。
> "妈妈，你看这是我在学校画的！"小明很兴奋地说。
> "噢！好漂亮！"妈妈一边忙着炒菜，一边转过头看着小明的画回应。
> 妈妈继续忙着炒菜，小明还是站在原地。
> "这边很危险，你去客厅等妈妈，快去，乖！"
> 小明拿着他的画，走去客厅。
> 妈妈终于做好了晚餐。
> "大家一起来吃晚餐了！"
> 小明拿着画到餐厅。
> "小明，要吃晚餐了，画收起来！"
> "可是你都还没看！"小明委屈地说。

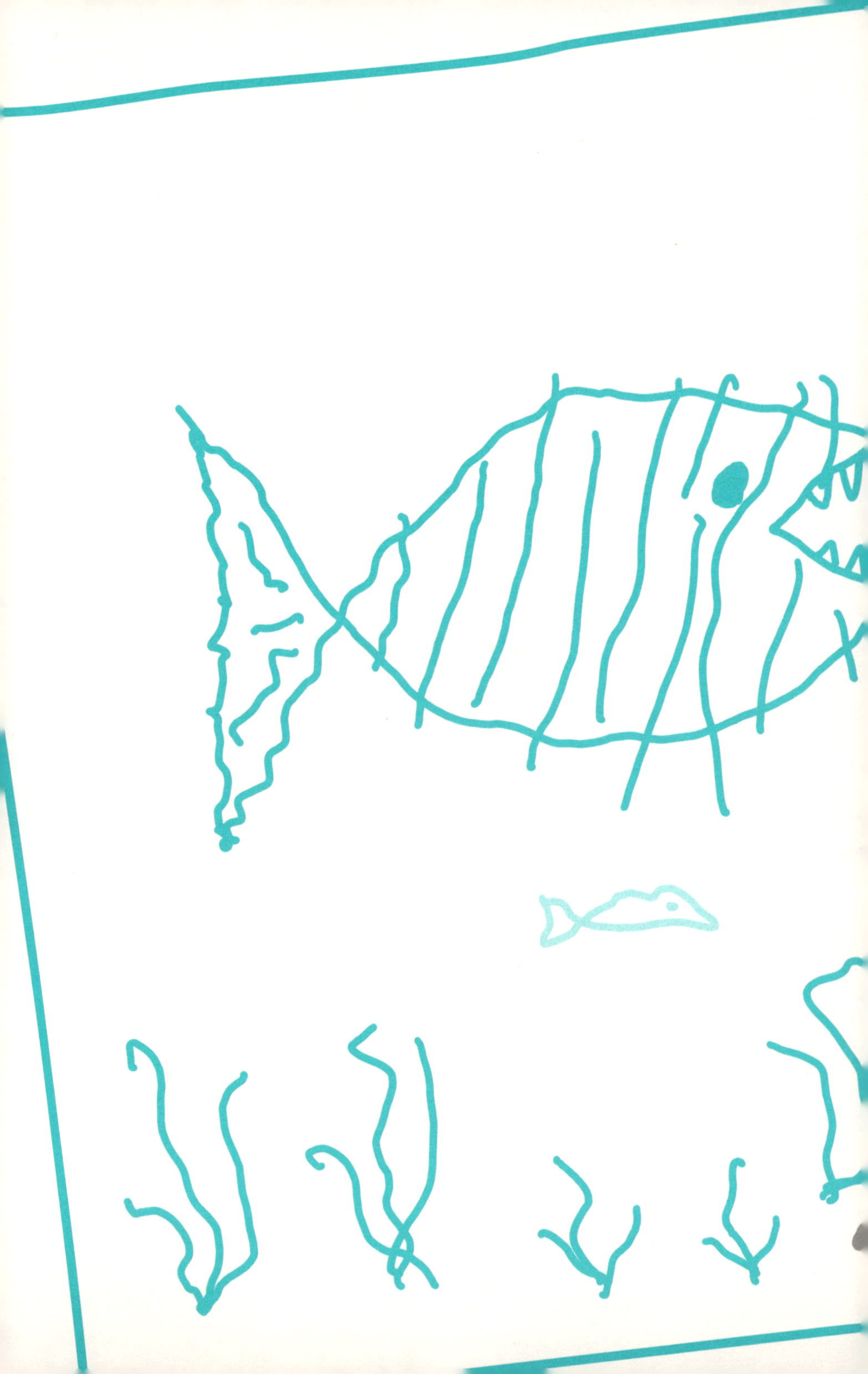

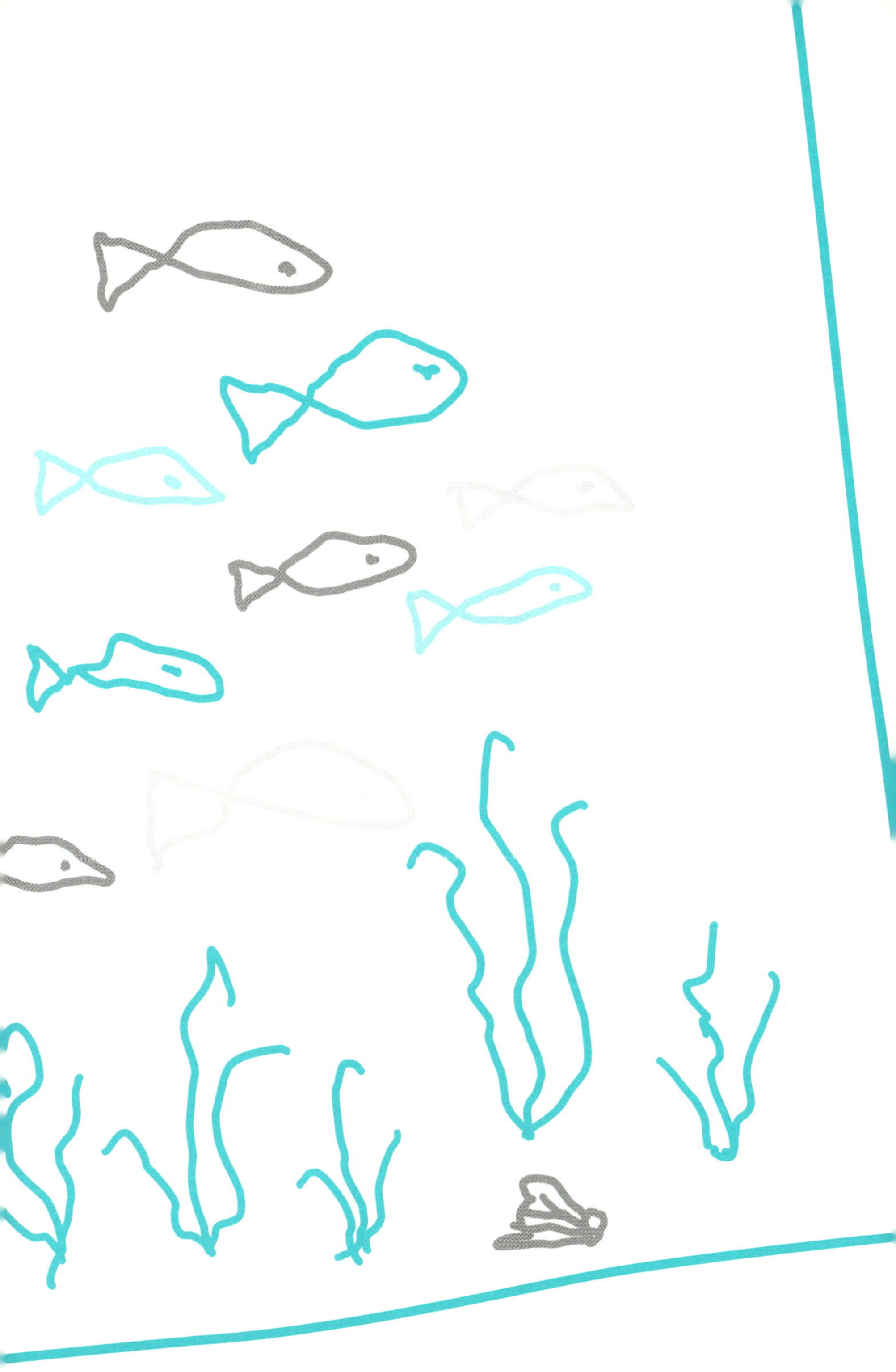

"妈妈刚才就看了啊！"妈妈对着小明解释。

"没有，没有！刚才这样不算！"小明有点生气，有点委屈地说。

很多爸爸妈妈可能不解，小明为什么觉得妈妈刚才看的不算。其实道理很简单，因为孩子是以一种很兴奋、很期待的心情，专程跑到厨房要给妈妈看他的作品，当妈妈仅仅是回头看一眼，说了一句"噢！好漂亮！"，对孩子而言当然是不够的，孩子会觉得妈妈根本就没看。

妈妈没有做到"停、看、听"，但此时妈妈在厨房忙着做晚餐，是真的不宜做回应啊！没错！此时最正确的做法是先给孩子一个具体的时间，然后等到那个时间再进行回应，注意不要只是简单地用"等一下"来应付孩子。

"妈妈，你看这是我在学校画的！"小明很兴奋地说。

"噢！小明你很想要妈妈看你在学校画的画啊！"妈妈一边忙着炒菜，一边转过头看着小明的画回应。

"对呀对呀！你看你看！"小明很兴奋地说。

"可是现在妈妈要赶紧把晚餐做好。这样好不好，妈妈做好晚餐，就先到客厅看你的画，然后再吃晚餐？"妈妈看着小明说。

"好！"小明拿着画回到客厅。

当妈妈做好晚餐，优先到客厅看小明的画。

"小明，妈妈现在可以看你画的画了。来，拿来给妈妈看！"妈妈坐了下来，看着小明。

"妈妈你看！这是我画的海底世界哟！"小明很开心地拿画给妈妈看。

"噢！妈妈看到你画了三只彩色的鱼，一只螃蟹，还有好多海草噢！然后旁边有只大鱼嘴巴张得大大的，好像要……"妈妈认真地看着小明画的海底世界，同时将看到的内容描述了出来。

小明很开心、很满足地看着妈妈，当妈妈讲到"好像要……"，小明马上就指着张大嘴巴的大鱼说："对啊！这只大鱼就是要吃那几只彩色的小鱼！"

"噢！"

"然后这些彩色的小鱼就会叫它们的朋友，一起排成一只更大、更大的大鱼，那就可以把这只大鱼吓跑了！"

"噢！原来小鱼会排成一只更大、更大的鱼！"

"对！……"

我们可以通过上述的亲子互动过程来进一步了解"停、看、听"的内涵。

停：停下手边所有的事情，不代表要马上停止。妈妈正在做晚餐，就不能马上停止炒菜的动作，此时，要跟孩子很具体地说自己可以停下事情的时间，如"妈妈做好晚餐，就先到客厅看你的画，然后再吃晚餐"。妈妈做好晚餐之后，就可以停下所有的事情，很轻松地进行下面的步骤。

看：专注地看着孩子的表现并反映出来。当孩子呈现的是一幅画或是其他作品时，我们并没有看到孩子创作过程中的表现，此时就可以扩充到看他的作品，也就是具体地反映你看到的内容，例如"噢！妈妈看到你画了三只彩色的鱼，一只螃蟹，还有好多海草噢！"。

听：听孩子的描述。当爸爸妈妈能做到"停"跟"看"时，孩子就会得到很大的满足与肯定，会很愿意多说一些他的想法，或补充你看到的内容。上述例子中，当妈妈反映"然后旁边有只大鱼嘴巴张得大大的，好像要……"时，孩子很乐意地主动补充他所要表达的内容。此时，妈妈也可以更加了解孩子内在的想法。

✦ 进阶：聆听弦外之音

将关系推展到更好的一个水准就是要能够"听出弦外之音"。孩子每个行为的背后都有他的需求与渴望。生理需求比较明显，也容易被了解，但心理需求就经常需要爸爸妈妈用心聆听。在日常生活中，要直接地表达内心的需求与渴望，很多时候是很有压力、难以启齿的。例如，孩子很想吃桌上的蛋糕，但又担心会被骂，

游戏养育——在游戏中发现孩子的天性与潜力

就一直盯着桌上的蛋糕看,或是一直问"桌上那个是什么?""蛋糕是谁买的啊?"等等,这些问题都不是孩子真正的意图,我们知道孩子其实是想吃蛋糕。

关系建立的一个重要元素就是了解与接纳。试想当一个人难以表达一件事情或面对压力、困境时,如果有一个人能了解他的困窘或压力,一定会有助于两人关系的建立。实际生活中,当孩子提出一个问题或需求有别于平常,而你用一般的方式回应,却没能解决孩子的那个问题或需求时,请静下来想想孩子的那个问题是不是有"弦外之音"。记得用心聆听,才有可能听出孩子的弦外之音。

上个月侄子回家里玩,我下班后带了一盒小饼干回去,侄子很喜欢,所以吃了不少。接近晚餐时间时,妈妈还没煮好晚餐,侄子或许有点饿了。

"爸爸,你要吃饼干吗?"侄子走向他爸爸,对着他爸爸问。

他爸爸正在看报纸,好像没听到。

侄子锲而不舍地又问了一次:"爸爸你要吃饼干吗?"

"不要!"他爸爸断然回应。

侄子无语,一直看着他爸爸,他爸爸刻意地一直看着报纸,不理会侄子。

约莫僵持了 2 分钟。

"你很想要再吃饼干噢!"我看着侄子,回应他。

"对啊!"被看出心意,侄子一脸腼腆地说。他爸爸在一旁笑了出来。

"可是已经很晚了,明天才能吃哟!"我坚定地告诉他。

"噢!明天再吃!"侄子没有任何情绪地转身去玩玩具了。

有一天,我们一群人到朋友小张家中吃饭,桌子旁放着我们带去的一个大大的饼干盒。

"这个盒子里面是什么啊?"小张的小孩问小张。

"里面是糖果跟饼干啊!"小张不假思索地跟他说。

"噢,是饼干跟糖果!"小孩小声念着。

过了不久,我又听到孩子在问:"这个盒子里面是什么啊?"

"里面是糖果跟饼干啊!"一样的回答。

第六章　反映孩子的内在，让孩子了解自己

孩子不放弃地继续问了几个客人。
"里面是糖果跟饼干啊！"每个人的回答都很一致。
"噢，是饼干跟糖果！"每次孩子都同样小声地说着。
接着就看到他跑过来问我："这个盒子里面是什么啊？"
我心想，终于轮到我了！
"里面装着饼干跟糖果啊，我知道你很想打开来看看里面的样子。"我拿起了盒子，对他说。
"你很想尝尝看饼干跟糖果的味道。"
孩子很专注地睁大眼睛看着我。
"不过因为现在要吃饭了，所以，等我们吃完饭之后，再来吃盒子里的饼干跟糖果！"
"好！"小孩竟然开心地对我说，没有任何争吵或赖皮。
接下来孩子主动到厨房帮忙拿碗盛饭。我发现那一餐，他似乎吃得特别快。

当一个人内在不好启齿的意图被反映出来时，其实就是被深度地理解了。通常一个人感受到被深度理解之后，他的情绪及配合度都会变得更好。需要强调的是，当我们了解到孩子不好启齿的意图时，并不是要马上满足孩子，而是要先反映出来，然后具体地告诉他们界限或规范，大多数孩子都会配合的。

偌大的客厅只有小女儿和我，我正吃着橘子。
小女儿在沙发的一旁说："这个会酸。"
我猜想她应该是想吃，就说："你想要吃橘子噢。"
小女儿回答："没有。"
我心想正好，那我就自己享受了。
殊不知，小女儿没有离开，而是更近地坐在我旁边。
我瞧她盯着橘子看，就说："好想吃哟，可是怕会酸。"
小女儿点点头。
"今天的一点都不酸，给你。"我拿着橘子给她。
小女儿立刻拿走并吃了下去，很快又对我说："我还要吃。"

97

之前有好几次小女儿表现出想吃的样子，我也反映过她想吃，但都得到了否定的回应。没想到，这次虽然一开始也是说不想吃，但她行为所表现出来的是想吃，而我读到她更深一层的心理，并将她内心的担忧表达了出来，最终她就吃起了橘子。

上述例子中的妈妈听出了孩子真正的弦外之音并适当地反映了出来，这样才是做到了高品质的陪伴，也才能发展出优质的亲子关系。

◆ **助攻：利用情绪脸谱表达深层情绪**

当孩子在迂回地表达他的弦外之音时，如果有很明显的情绪，那除了要反映出孩子的情绪，更要从孩子的情绪中，探索背后更深层的情绪、想法或自我评价。只是，深层的情绪是很复杂的，尤其是某个事件或某种情绪长久被忽略或压抑之后，会衍生出很多细微且难以表达出来的情绪。例如弟弟将哥哥的饮料喝了一口，哥哥就暴跳如雷地要打弟弟，这让爸爸妈妈很难接受与理解，只是喝一口饮料，有那么严重吗?!其实哥哥之所以会有如此强烈的情绪反应，是因为压抑和累积了很多的情绪。上过游戏养育课程的妈妈，应用情绪脸谱引导哥哥表达饮料被弟弟喝了一口时的心情，哥哥选出的情绪有"生气""不公平""难过"和"委屈"。

生气：因为弟弟没有经过我同意，就喝了我的饮料。

不公平：上次我吃了弟弟的饼干，妈妈就骂我，但这次妈妈却说"喝一口饮料而已，有什么关系！"妈妈不公平！妈妈偏心！

难过：弟弟喝我的饮料，妈妈还骂我，我就很难过、很难过。

委屈：哪有这样的，每次都叫我让弟弟！我不要！我不要！

哥哥表达出不同的情绪后，妈妈才了解他内心真正的感受，原来孩子暴跳如雷的背后，竟然还有不公平、难过和委屈等情绪。如果在日常生活中，孩子能把这些更深层的多种情绪及伴随这些情绪的想法表达出来，那对孩子的健康成长将极具正向意义。但实际上，我们有时很难反映出孩子表现背后的情绪，即使直接问孩子，孩子也无法完整地说出来，导致我们即使尝试反映孩子的情绪，也只是些很表面的，如生气、难过等。这时，类似情绪脸谱这样的媒介可以协助爸爸妈妈觉察到孩子更深层、更细微的情绪以及伴随这些情绪的想法。

情绪脸谱是我根据情绪的类别、正负及强弱，结合儿童的情绪发展过程，以及我二十余年结构式游戏治疗的经验设计而成的一套图卡。这套图卡列举了七大类情绪中50种不同的细微情绪，如喜、怒、哀、乐、忧、思、悲、恐、惊等，并搭配了相应情绪的表情图，不识字的幼儿也可以使用。爸爸妈妈或老师可以运用这套情绪脸谱来试着了解，孩子在面对某些事件产生强烈的情绪或行为时，内在可能有哪些情绪及伴随的想法。

以下是一些爸爸妈妈的分享，他们运用情绪脸谱与孩子对话，想要了解孩子在学校因被取笑而与同学发生冲突时，可能的内在情绪有哪些。

小明因为身材胖长久以来一直被同学嘲笑，今天阿雄又笑他胖，小明忍无可忍，挥拳打了阿雄，事后两人都被老师处罚并通知了家长来学校。

如果你是小明，针对这个事件你会有哪些情绪？揣摩一下小明伴随这些情绪的想法是什么。

以下是一些小朋友的答案：

如果我是小明，我会觉得：
生气：因为被同学欺负，又被老师处罚。
难过：因为被嘲笑。
抱怨：同学的错，为什么自己要被惩罚，还让爸爸妈妈来学校？
不公平：明明是同学的不对，为什么自己也要被惩罚？！
伤心：觉得很伤心，为什么会发生这些事……

如果我是小明，我会觉得：
怨恨：我才是受害者，为什么变成我的错？！
不公平：老师偏心，只相信成绩好的同学！
无助、恐惧：不知爸爸妈妈的反应会是什么……
孤独：都没人了解我，没人站在我这边。

如果我是小明，我会觉得：
生气：每天说我胖，胖不可以吗？
讨厌：你瘦很了不起吗？为什么要一直说我胖？！
自卑：别人都瘦瘦的，只有我胖，跟其他人不一样。
自责：其实，我不应该打他，但是，是他先说我的！
焦虑：老师要见爸爸妈妈，怎么办？

如果我是小明，我会觉得：
孤单、无助：从小被同学嘲笑，没有人了解，没有朋友，很无助。
愤怒、不公平：为什么肥胖就一定要被嘲笑，为什么那么不公平，胖就胖啊，碍到你了吗？！
害怕、担心：因为一时冲动打了同学，老师通知爸爸妈妈来学校，事态严重，害怕被爸爸妈妈、老师责备，担心受惩罚，也开始有点后悔自己当时的举动。

运用了情绪脸谱这样的媒介，爸爸妈妈或老师就更能够理解孩子可能有的更深层的情绪，以及孩子伴随这些情绪的想法或自我评价，孩子也能更好地了解自己。

第六章 反映孩子的内在，让孩子了解自己

总而言之，爸爸妈妈可以运用"停、看、听"专注地聆听孩子，尤其是孩子的弦外之音，再适度地反映孩子的意图来实现亲密陪伴，还可以通过情绪脸谱等媒介的运用，引导孩子表达出情绪深层的想法与需求，进行优质养育。

> **Tips**
> ✦ 反映孩子内在，了解行为背后的动机

爸爸妈妈因为专注地陪伴而能聆听到孩子的需求甚至弦外之音，再通过与孩子的言语互动充分反映出孩子的内在，这会是相当高质量的陪伴，可以帮助孩子明白自己行为背后的动机，让孩子更深层地了解自己。"反映内在"的技巧可细分为以下几个层次。

1. 最基本的就是将孩子游戏的内容反映出来，类似"追踪描述行为"。当孩子呈现的是一个静态作品时，如图画、黏土作品等，可以反映你看到的作品内容。

　　孩子拿出好几辆汽车，一辆一辆冲过去，然后又捡回来，再一辆一辆冲过去，还大声说"这次红色车子胜利！"
　　妈妈看在眼里，说："所以，这些汽车在比赛谁跑得比较快！"

　　孩子兴冲冲地拿出一张他画的图给妈妈看。
　　"妈妈！你看这是我在学校画的！"
　　妈妈拿起孩子画的图，仔细地端详。
　　"我看到你画了一个太阳、一栋房子，屋顶上还有烟囱……"

2. 试图将孩子的想法反映出来，有时甚至可以试着以第一人称反映。

　　孩子把三辆汽车排好之后，开始将前面散落满地的玩具一个一个移开。此时妈妈看懂孩子是想腾出一个通道，好让这三辆汽车比赛哪辆跑得比较快，因此就以第一人称反映孩子想要移开玩具的意图。

"走开走开！不要妨碍到这三辆车的比赛。"
"不要妨碍我看哪辆汽车跑得比较快。"

3. 当孩子很专注地在思考要玩什么游戏时，可以将孩子思考的内容反映出来。

孩子在摆设一个动物园，一边选动物，一边在想该把它们摆在哪个位置。
"你在想，还可以再放什么进去！"
"你抓抓头，在思考接着这只狮子可以摆在哪边。"

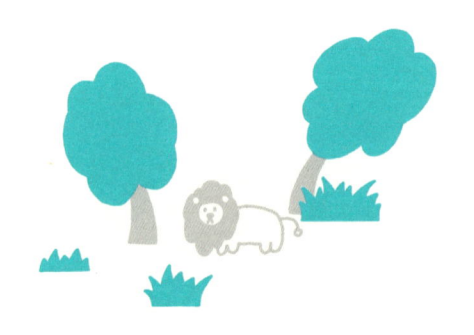

孩子很专注地看着积木的示意图。
"妈妈看你好专注地看着这张示意图，你在研究要如何把它组合起来噢！"

4. 看到孩子的游戏内容出现重复的模式，可以将模式反映出来。

孩子在玩车子，每辆车经过一个十字路时，就会被孩子拿到沙盒中埋起来！
"噢！只要经过这里，都会被埋在沙子里！"

孩子将汽车一辆一辆地相撞，然后较弱的那一辆汽车就死掉了，最后连最强的那一辆也累死了。
"一辆一辆死掉了，最后这辆也累死了。"
"噢！这些汽车全部都死掉了！"

第六章 反映孩子的内在，让孩子了解自己

5. 通过对孩子行为、情绪的观察与了解，爸爸妈妈对孩子有更进一步的认识，便可将孩子行为背后所要传达的意思表达出来。

孩子在黑板上写"2 + 5 = 7"。
追踪描述行为时可以说："你把它们加起来。"
但是如果跟孩子已建立好关系，想扩展到行为的意图，可以根据对孩子的了解说："你想让我知道你会加法。"

"妈妈你知道吗，隔壁小明说他爸爸今天要带他去吃麦当劳哟！"
"噢！你也很想去吃麦当劳啊！"

"下次还是只有我一个人跟妈妈玩吗？"
"你喜欢我用这样的方式和你玩，是不是？"

"妈妈！我告诉你这个就是这样弄，这样你会不会？"
"你很想教我怎么修理它，我试一下看看。"

"妈妈！你怎么都不笑了？"
"你在猜我对你的感觉是什么。"

6. 可以将游戏内容与儿童议题联系起来，并加以反映。

孩子在玩一个住院儿童要进行手术的游戏。第一次发生了地震，所以手术要延迟，第二、三、四次则分别发生了台风、停电、医生来医院途中堵车等状况，导致手术一直无法顺利进行。
"发生那么多的事情，都无法顺利进行手术，我猜你其实也是很担心要到医院做手术的。"

"反映内在"这一技巧是试图将孩子内在的意图、渴望、恐惧等反映出来，爸爸妈妈

或治疗师不必做到百分百正确，只要态度温和坚定，用心了解孩子，就会产生效果。

观察与调整
✦ 孩子最不敢说的 10 件事

当孩子面对一些事情不敢说时，他的言行可能就会异于平常，对此大多数的爸爸妈妈都会察觉到孩子大概发生了一些不愉快的事情。此时，我们要做的是从孩子表面的言行，去了解其背后的意图。以下整理了孩子最不敢说的 10 件事情。

1. 被师长纠正

小明一向都很喜欢分享平常发生的事情，对于被夸奖、被赞赏的事一定会再三强调，但被老师罚或是纠正之类的负面事件就只字不提。有一次，小明因为上课爱说话被老师纠正，妈妈主动问小明，小明就会回避，还会反问妈妈为什么要那样问他，妈妈想继续确认，小明就说忘记了。

2. 想做被禁止的事或想要不被允许的东西

小明正感冒着，但天气很热，就想要喝冰冰凉凉的饮料，明知道妈妈不会同意，就叫弟弟去跟妈妈说，希望妈妈能同意。

小明很想要最近流行的指尖陀螺，妈妈平时不准他乱买玩具，所以他就找借口："同学们每一个人都有，玩指尖陀螺会让人聪明。"

3. 弄丢或弄坏东西

小明把妈妈买给他的脚踏车弄丢了，脚踏车很贵，他怕被爸爸妈妈责骂，再也不能买新的，就一直隐瞒，不敢说。

4. 成绩退步

　　小明期中考试将近,却迷上网络游戏,妈妈一直提醒他用心准备,但小明却不以为意。结果期中考试成绩很差,小明不敢让爸爸妈妈知道。

5. 打伤别人

　　小明和朋友吵架,以致朋友受伤。小明害怕被责骂,不敢告诉爸爸妈妈。

6. 受伤了

　　小明走路不小心跌倒受伤,虽然很痛,但怕被责怪走路不专心,没有保护好自己,以后或许就不能出去玩,所以不敢告诉爸爸妈妈。

7. 没做好爸爸妈妈交代的事

　　爸爸妈妈出门前交代小明要完成作业,小明却贪玩,没有做作业,怕被父母责骂,不敢如实以告,就谎称做完了。

8. 觉得大人很烦

　　妈妈要求小明参加补习班,以便好好准备考试。小明不想要去,但不敢反驳,怕说出来不能被接受,或是反抗无效。

9. 怕被家人干涉

　　小明计划和朋友骑脚踏车去百货公司玩,怕爸爸妈妈会干涉他的计划,因此选择不让爸爸妈妈知道。

10. 对性的好奇与认同

小明对性很好奇,趁着父母不在家时浏览色情网站和色情漫画。小华喜欢同性,怕家人不能支持他的性取向,所以选择隐瞒。

第七章

提供选择的机会，帮助孩子学会负责任

第七章 让孩子学会做决定，就是培养孩子负责任的开始。

童话故事里，猪妈妈要三只小猪自己想办法盖房子。猪大哥选择用稻草盖房子，大野狼一吹房子就倒了；猪二哥用树枝盖房子，大野狼大口一吹，房子也倒了；猪小弟最勤劳，不怕辛苦地搬来重重的砖块盖房子，大野狼不管用多大的力气都吹不倒房子。故事结尾，猪小弟终于可以住在稳固的房子里，过着幸福快乐的日子！

虽然这是一个童话故事，但猪妈妈给小猪们完全开放的机会做选择，却是值得各位爸爸妈妈学习的。

> 我非常喜欢这个主题：提供机会给孩子做选择，就是培养孩子负责任的开始。能负责、肯负责是多么重要的一个特质！如果有人问"你是想培养出一个追求高分或满分的孩子，还是想培养出一个愿意承担及负责任的孩子呢？"我想你一定会回答"我选择培养一个愿意承担及负责任的孩子"。其实这个问题真正的内涵是：只要能培养孩子愿意承担及负责任，他就会自发地追求卓越。

第七章 提供选择的机会，帮助孩子学会负责任

✦ 退缩的孩子

当一个人长期不为自己的事情承担后果，除了会养成不负责任的习惯，还会逐渐变成一位退缩甚至自我封闭的人，也就造就出现今社会中所谓的"啃老族""妈宝""宅男""宅女"。这种"退缩"不是因为受到惊吓而不敢再接触人和事物，而是一种长期不愿意走出舒适圈、不愿意再接触外面的环境、不愿意学习新事物的状态。退缩的人多半没有自信，不愿意负责任或没有能力负责任。

退缩及不负责任是不会被人接受及肯定的，因此退缩的孩子经常会将自己伪装起来，让爸爸妈妈或老师不觉得他是退缩的。很多爸爸妈妈会疑惑：孩子平常能言善道的，但真的要他表达时，却又扭扭捏捏地说不清楚，甚至不敢表达！孩子并不算害羞，但就是不够落落大方！孩子平常总说要学这个学那个，可是真的要让他去学的时候，他又不想学了或者学了几次就放弃了。也有孩子只要遇到他觉得困难或有挑战性的事情，就选择放弃或逃避……这些其实都是孩子退缩、不敢承担的表现。

需要澄清的是，那种躲在角落不敢说话或只是安静不讲话的孩子不一定就是退缩或不负责任的。有些孩子天生的特质就是比较胆小、内向、容易害羞，看起来就好像是退缩型的小孩，但实际上很多安安静静、不大说话的孩子，上台分享时落落大方，能够表达自己的意见。所以，害羞、内向不等同于退缩。

· 退缩的 5 种类型

我将退缩、不负责任的孩子大致归为以下几类：

1. "自我否定"退缩型：在生活中不敢尝试新事物，经常挂在嘴边的话就是"我不会！""我不要！""我不敢！"。

以下是两位老师提到的"自我否定"退缩型学生的状态。

语文课上,同学们竞相举手练习造词,小哲从头到尾不曾举过一次小手,我关心地鼓励小哲,试着给小哲发言的机会,但小哲始终不敢举手。下课时,我约小哲个别谈话,小哲说:"我不要举手,我不敢举手,我怕说错了会被笑。"

看着小哲沮丧的神情,我想到小哲有个严格的母亲,家长会时曾表示过对小哲的担心,总是不断要求小哲进步,对小哲有诸多的不满。

我有一个学生,13 岁,男生,在补习班时经常说"我不会",还没有读完题目就说"我不会"。每次我都会让他读完题目,然后再问他怎么解答,他还是说"我不会"。我要求他尝试一下,他还没试就说"我不会啦!",就算我陪他一起做,他也是不动手,说不会。

2. "临场畏怯"退缩型:私底下表现得都不错,但在正式场合或要他正式分享时,他反而怯场、不敢表达或表现得扭扭捏捏。

一位家长提及自己的孩子呈现出"临场畏怯":

在家里,看他好像都表现得不错。可是在外面不熟悉的场地,他就躲在一旁。我尝试让他踏出一步,他会说"我不敢!""我不要!""我不会!"。除非我花很长时间和他沟通,给他鼓励和信心,偶尔才可以让他跨出一小步。

3. "无主见"退缩型:遇到要决定的事情时,就是不敢做决定,都要仰赖别人的决定。总是不敢表达意见，或总是等待别人指示之后，才敢行动。

一位家长提及亲戚的孩子从小就表现出"无主见"：

　　阿文是个安静随和的孩子，和同学玩游戏时从不表达意见，同学要他做什么他就做什么。师长询问他意见时，他总是回应"都可以！""随便！"。阿文高三填志愿时，听了爸爸妈妈的决定，选择就读工科。然而，不合志趣的科系让他受尽苦头，造成忧郁。我在阿文小的时候就认识他的爸爸妈妈，他们作风强势，从小就不问孩子的意见，总是帮孩子做好安排，不管是生活琐事还是选填科系。与阿文对话时，我发现阿文对自己没有信心，虽然有喜欢的学习领域，但不敢表达意见，因担心做错决定要为自己负责任，而宁愿由爸爸妈妈代为决定。

4."舒适圈"退缩型：不愿意或抗拒接触新事物，如到新的环境或认识新的人，只习惯接触熟悉的人与环境。

一位家长提及自己的孩子在运动会上跌了一跤之后，除了上学之外，就整天窝在自己的房间或家里不出门。

　　小明自从在上学期运动会的赛跑过程中当众跌了一跤，又被同学责怪都是他害得全班没有得名次之后，一放学就窝在家里。假日要带他去公园走走或玩游戏器材，他都不愿意，更不愿意参加学校的任何活动，连过去喜欢的户外教学、游乐会等也都不参加了。更严重的是，学校以外的课程活动他也都坚决不参加，宁可整天窝在房间。

5."不负责任"退缩型：面对自己该承担与负责的事情都赖皮不做，或直接说"我不会做，妈妈帮我做"，甚至很多事情都是拖到最后不了了之。

以下是一位家长的叙述，他的两个孩子一个已经读初中三年级，一个则是读小学四年级，生活中不管什么事情，两个孩子都觉得是妈妈应该做的。

两个孩子放学一回到家，就将书包往沙发上一丢，吃的零食散落在桌上、地上，脏袜子、脏衣服也是随地乱丢，让他们稍微整理一下，把脏衣服放到篮子里，他们竟然说这是妈妈要做的。如果孩子肚子饿了，妈妈还没准备好晚餐，他们就会责怪妈妈动作太慢，害他们要饿死了。考试成绩不好，他们也会责怪同学太吵、老师没有讲，总之有一大堆理由。

· 退缩型孩子的特征

前面章节提到过每个人都渴望被看到、被注意、被肯定，那是什么原因导致一个孩子不敢表现、不敢表达甚至自我否定呢？这通常是因为他们内心已经形成了负向的自我概念。退缩的孩子大多会有以下几个特征：

1. 没有自信，不认为自己有能力面对挑战或解决困难。这几乎是上述 5 种退缩类型的共同特征，以"自我否定"退缩型的孩子最为明显。

2. 惧怕别人关注自己的表现，因为他担心自己会表现得不好，甚至预言自己的表现会很糟糕。"临场畏怯"退缩型的孩子最明显，在私底下熟悉的环境中，他可以侃侃而谈，表现不俗，但只要上台或在有外人的地方表演、表达，或有人很正式、很认真地要看他的表现时，他就退却了。"无主见"退缩型的孩子也经常会有此现象，唯一不同的是"无主见"退缩型的孩子虽然也会惧怕别人关注他的表现，但只要跟随着一个领导者，或是在一个权威者安排规划之下，他就可以配合地表现。

3. 不敢承担新的任务或对一件事情做决定，因为他过去经常被嫌弃或被批评所做的决定都很糟糕。这几乎也是上述 5 种退缩类型共同的特征，但不同退缩类型的内在机制略有不同。"自我否定"退缩型没有信心，觉得自己没有足够的能力承担。"临场畏怯"退缩型通常会在临上场前才逃避。"不负责任"退缩型则经常是事情做了一半或还没完成，就找一大堆的理由推卸责任。"无主见"退缩型则经常说"我不知道""不是我决定的""随便"。"舒适圈"退缩型只想留在自己的舒适圈中，自我觉得这样的生活就很好，不想也不愿意再去接受新的挑战。

4. 做事"拖、推、赖",因为过去的经验告诉他,事情到最后一定会有一位拯救者出来救他,帮他解决问题。退缩型的孩子不一定懒惰、不积极,做事"拖、推、赖"最常出现在"舒适圈"和"不负责任"退缩型孩子身上,因为他们通常都有一位很能干、能替他们承担责任的爸爸或妈妈,导致他们认为只要坚持"拖、推、赖",最后总会有人替他们收拾烂摊子。

上述这些特征其实都是孩子在后天成长过程中逐渐被塑造出来的,如果再持续到青春期就可能变成孩子的性格了,爸爸妈妈不能不重视。这5种退缩类型的孩子虽有不同,但核心部分其实就是没有自信与不负责任。要改善或改变他们,就必须从提升他们的自信、让他们学会负责任着手。

·退缩的成因

孩子之所以会变得退缩,核心原因就是没有自信与不负责任,而这主要是爸爸妈妈的管教方式塑造而成的。例如,有些爸爸妈妈就是不能容许孩子做错,也不容许孩子再犯错,或一直强调孩子还可以做到更好,还有的妈妈过度承担,导致孩子不必为自己的行为负责任。以下列举了几种会导致孩子没有自信与不负责任的养育方式。

1. 经常嫌弃与过度提醒孩子。如果爸爸妈妈的口头禅就是"你不要……""不可以……""要注意……""不要忘了妈妈说的……",即使有时会赞美孩子,但总是会加一句"如果……""但是……",那么长久下来,孩子就会变得退缩、没有自信,经常说"我不会""我不要""我不敢"之类的话。其实,妈妈就是孩子的镜子,妈妈怎么看孩子,孩子就会变成什么样!

2. 过于重视结果的好坏。这类爸爸妈妈常因为孩子的考试成绩和学习成果而生气,或总是觉得孩子表现得不够好、不够认真,口头禅就是"你看你的成绩……""你就是不够努力……""如果你很努力,我也不会生气,可是你根本就没有努力……"。这些话都显示出爸爸妈妈只重视结果的好坏,因为他们都是在结果不好的时候这样对孩子说。长久下来，孩子就越来越不敢接受挑战，不愿意参加正式的比赛或表演，甚至连简单地上台分享都畏怯了，因为他经历的事几乎都会被批判。即使孩子经常拿到优异的成绩，但为了拿到这些好成绩，孩子也会有过度的压力，进而造成紧张与焦虑，这可能也会让孩子开始逃避或退缩。

3. 对孩子的期待很高或很会讲道理。当爸爸妈妈跟孩子说"要认真读书""上课要专心""要认真努力才会有前途"时，有两个隐藏的价值判断在伤害孩子的自信。第一个就是爸爸妈妈一直在告诉孩子"你不够认真、不够努力"，第二个就是爸爸妈妈的那些道理都是正确的，孩子只能默默接受这些负面评价。长久下来，孩子就会越来越没自信，觉得自己真的很不好。也有部分孩子会觉得爸爸妈妈说的都对，就是要听他们的话，一切都要接受他们的指导，当然也就越来越没有主见。

4. 只重视及注意自己在意的地方，忽略孩子的需求。例如孩子兴冲冲地拿着在学校画的画给妈妈看，期待着妈妈的欣赏与鼓励，妈妈却只注意自己对孩子的要求："不要跑""说慢一点""先去洗手再说""坐好再说"……要不就是妈妈只看了一下，就一直问她所关心的孩子在学校的表现，完全忽略了孩子那兴奋的心情。长久下来，孩子学习的兴趣与动机就会越来越薄弱。

5. 过度承担孩子自身该负的责任，或过于在意别人对你作为爸爸妈妈的评价。这两者之间有些微妙的关联，有些爸爸妈妈会觉得孩子外在的表现如成绩、服装、礼貌或身高体重等是否够好，是在证明自己是不是一个好爸爸或好妈妈。所以，为了证明自己是个好爸爸或好妈妈，就必须帮孩子将这些都打点好。这类爸爸妈妈经常会呈现下面的管教方式：

你经常嫌孩子做事太慢，而忍不住替他做。

孩子的书包、书桌经常都是你帮他整理的。

孩子自己的事情，如上学迟到、忘记带学习用品、忘了老师交代的事情等等，你经常比孩子还紧张、在乎。

你很担心或在意孩子被人说没有家教。

第七章 提供选择的机会，帮助孩子学会负责任

你很在意自己是不是别人眼中的"好妈妈"。

◆ 选择——改变退缩的利器

"冰冻三尺，非一日之寒"，孩子的退缩可以说是由爸爸妈妈长期的管教态度所塑造的，为人父母者不能不多加反思。那爸爸妈妈现在如何做才能帮助孩子不退缩，改善孩子没有自信与不负责任的表现呢？其实改变退缩型孩子的利器就是提供机会让孩子做选择。**让孩子学会做决定，就是培养孩子负责任的开始。**

· 选择是树立责任感的第一步

1. 提供机会给孩子选择，就是提供机会让孩子学会负责。

选择与负责的关联是怎样的呢？我常举一个例子，假如你交了一个与你感情非常好的男朋友，你想和他结婚，但你的爸爸反对，要你和另一个男生结婚。如果你坚持所爱，不听从爸爸的意思，决定跟你男朋友结婚，那你自然就要为日后的婚姻结果负责。如果遵照爸爸的决定与安排，跟爸爸选的那个男生结婚，日后如果你的婚姻不是很幸福，你一定会后悔当初没有坚持下去，也会责怪爸爸当年的决定与安排。谁做的选择谁就要负责，而不做选择就是一种不负责的表现。爸爸妈妈如果经常提供给孩子做选择的机会，也就是在让孩子学习负责。

有的爸爸妈妈可能会质疑：孩子还小，怎么能做出正确的判断呢？他们根本就没有能力做选择！其实，不同阶段的孩子能力不同，该承担及负责的事情也有所不同。随着年龄越来越大，能力越来越强，孩子该承担及负责的事情就越来越多。而不管年龄多大，孩子都有自己做选择的"自主需求"。一两岁的孩子可能不想吃你为他准备的食物，他想要玩汽车，想要抱着机器人或某个玩具睡觉……这些都是孩子在做选择。日常生活中，需要做选择与负责的事情其实不停地在发生：早餐要吃什么？今天要穿哪件衣服？洗澡要比弟弟早还是晚？……不管大人还是孩

游戏养育——在游戏中发现孩子的天性与潜力

子,其实每天都在不停地做选择,也在承担自己选择的结果。

以下是一个实际生活小例子,看这位姑姑如何运用提供选择的方法处理侄子的哭闹。

圣诞节当天下班后,一回到家我就将圣诞礼物电动泡泡枪送给亲爱的侄子小安,大嫂当时就对小安说:"明天再去外面玩噢!在家里玩,地板会黏黏的。"小安虽然对电动泡泡枪很好奇,但没多说什么。

隔天一早,我就听到楼下传来小安的哭喊声"我要玩泡泡枪!"。我心想这事因我而起,还是去处理一下好了。下楼后,映入眼帘的是我哥站着跟小安说"吃完汤圆就出去玩",而小安跪坐在地上哭泣,一边擦眼泪,一边喊着"我要玩泡泡枪!"。

我走过去蹲下,对小安说:"姑姑知道你想玩泡泡枪,爸爸不是不让你玩,吃完汤圆就可以去玩了!"小安仍然在哭,我就说:"等你哭完,姑姑再说。"

我问我哥几点可以让小安出去玩,我哥说吃完汤圆就可以出去了。确认了时间,我等小安哭声变小后,就把他抱起来放在腿上,开始了下面的对话。

"吃完汤圆就可以出去玩泡泡枪噢,你要自己吃、姑姑喂你还是爸爸喂你?"

"我要玩泡泡枪!"小安揉揉眼睛说。

"没有这个噢!现在就是三个选择,你要自己吃、姑姑喂你吃还是爸爸喂你吃,吃完就可以出去玩了。"

"那个泡泡枪坏掉了,没有泡泡。"小安转移话题。

"第一个你要自己吃,第二个姑姑喂你吃,第三个爸爸喂你吃,你要哪一个,如果你不选,姑姑就帮你选!"我温和而坚定地对小安说。

小安的手开始去拿汤匙,扒了几口汤圆,指着粉红色的跟我说是草莓汤圆。

"我看到了!你开始吃汤圆了,一颗、两颗、三颗,吃完就可以出去玩啦……"

终于吃完了,小安开心地拿着泡泡枪出去玩!

上述事例中,孩子内在有个渴望就是急切地想玩泡泡枪,这个渴望驱动孩子只想赶紧去玩,而忽略、拒绝或不遵守原有的规则。通常爸爸妈妈都会坚持孩子做完

choice 1
自己吃
choice 2
姑姑喂
choice 3
爸爸喂

获得

游戏养育——在游戏中发现孩子的天性与潜力

该做的事情才可以去玩,这是正确的做法。只是孩子的渴望越是强烈,他的反应也就会越大,有的孩子可能会有类似上述事例中的哭闹,有的孩子拗不过转而去做该做的事情时也是敷衍了事,这些都不是爸爸妈妈所期待的。

如果爸爸妈妈能像事例中的姑姑那般,温和而坚定地对孩子说出可供选择的内容,那孩子的注意力就会从哭闹及强烈渴望的情绪状态,转移到所提出来的选择内容。如果孩子想转移话题,就再温和而坚定地重述一次。此时孩子就会知道必须在提出的几个选项中做选择,并且知道只要执行了其中的某一个选项,他就能实现心中的渴望。于是孩子就会认真思考要做哪一个选择,也就从哭闹及强烈渴望的情绪状态转移到做决定的理性状态。

由此可知,提供选择也有助于将孩子从情绪泥淖中拉起来,让他回到理性状态。当孩子做了选择,也就是在承担并对自己的选择负责了。

2. 选择也是一种能力的展现。

容许孩子选择不仅满足了孩子内在的自主需求,也象征着给了孩子一种能力。孩子通常在做选择时会说"我来!""我可以!",这是一种能力的展现,也是培养自信的开始。

在成长过程中,每位孩子一开始都很乐意学习承担及负责。在幼儿园常常会看到这样的情景,当老师问"谁会?""谁要来做?""谁来帮忙?",大多数孩子都是双手举得高高的,争先恐后地想要帮忙。当孩子刚开始学会走路、学会拿汤匙时,都会想自己去探索、自己去拿,这是在展现"我可以""我能够"的一种自我效能感。所以,当孩子常常说"我知道!""我会!""我来!"时,其实都是在做决定,同时也是在学习负责,当然更是在展现他的能力,此时千万不要剥夺他成长的机会。太多的爸爸妈妈觉得孩子做得不够好、不够快、不够干净,而不让孩子参与或代替孩子做了,明明是孩子想做、想证明自己有能力,却被大人给抢去做了!这不仅剥夺了孩子成长的机会,还会让孩子很受挫。

第七章 提供选择的机会，帮助孩子学会负责任

以下是一位妈妈学习游戏养育之后陪伴 3 岁儿子的事例。

第一次把游戏养育的技巧带进家庭是在 2014 年，儿子益益当时 3 岁。

在这次个别陪伴的游戏时间中，儿子玩着他新买的蜡笔，我还特别将此次陪伴过程录了像。他一边玩，一边用好奇的眼光看着我，其实应该是看着我手上的摄像机。现在回头看，我很庆幸把这些过程录了下来。现在再与孩子一起回顾他的成长历程，我们都感受到了对彼此的滋养。

这天一开始玩的时候，他努力地打开一根根蜡笔的包装纸，虽然他小小的手指头还不灵活。

我耐心地等待、鼓励他："嗯！我看你一步一步慢慢地在打开。"

听到我这么说，他更投入地撕着包装纸。

过程中，他遇到不知如何处理的状况时，我没有指导他如何做，而是促使他自己想方法。

"欸，要怎么办呢？哦，你在想办法。"

我发现儿子虽然年仅 3 岁，但他有能力处理遇到的困境。包装纸撕到一半时，他跑到厨房拿了一把剪刀，企图用剪刀剪开包装纸。

那时我着实有点担心，但想起郑老师教导的"提供机会让孩子做选择，就是培养孩子负责任的开始"，就没有去阻止他。

果然，他成功地用剪刀将包装纸剪开了，还很得意地在我面前特别放慢剪纸动作，对着我说："妈妈，你看，我不会剪到手噢，你看！"

我看着他的动作，运用追踪描述行为的技巧："啊呀，就要剪到手了，可是益益停住了！"他笑了。

我接着说："哇，你懂怎么用剪刀，知道它会剪到手指头，你还会小心保护自己噢。"

孩子是懂事的，他好像想让我信任他，想在我面前展现他是有能力的，想告诉我"妈妈，我懂，我会"。

虽然只是一个陪着孩子玩的过程，但我们的交流不只是外在的给予与回馈，而是更进一步建立了对彼此的肯定和信任。后者是可以通过游戏养育的方式来建立的。

游戏养育——在游戏中发现孩子的天性与潜力

这位妈妈给自己学习游戏养育的体会做了以下的脚注:

"当你们活到 80 岁,在某个安静的沉思时刻,回到内心深处,想起自己的人生故事时,最有意义的部分,将会是你所做过的那些选择。人生到头来,我们的选择,决定了我们是什么样的人(We are our choices.)。替你们自己写一篇精彩的人生故事吧。"

· 陪孩子一起完成选择

为了避免孩子成为一个退缩、不负责任、不敢承担的人,我们要多以口语具体地反映孩子的正向行为,因为注意到孩子的什么行为,那个行为就会被保留下来。我们也要多提供机会给孩子练习选择以及尝试错误。不是孩子所选择的每件事情,他都能顺利地完成,因此,爸爸妈妈和老师的责任就是要创造孩子成功的经验,亦即在提供机会让他能够做选择的同时,也协助他完成他的任务,进而让孩子得到成就感。以下几点原则可供爸爸妈妈和老师参考:

1. 孩子自发地做一些他喜欢的事情时,不要去干涉,只要具体地反映出孩子的正向行为即可。

"爸爸看到你在组合弹珠超人。"
"那个头部有好多个小物件,你都组合起来了!"

第七章 提供选择的机会，帮助孩子学会负责任

"我看到了！"

2. 当不知道孩子是否能完成他选择的事情时，请在一旁关注他。当他可以完成时，要记得用心地反映他努力的过程。

"我看到你刚开始一直组合不起来，有点想放弃，还看了爸爸一下。"
"后来，你还是不放弃，又仔细看了说明书，哇，你发现关键了！"
"果然，你把这个机器人组合起来了！"

3. 当发现孩子完成他的选择有困难时，不要替他完成，而是要协助他，跟他一起参与、一起完成。

"嗯，这个部分的组合，真的很难、很复杂！"
"来！你把说明书打开，我们一起一步一步看下去！"
"完成了！我们两个一起完成了！"

我们常常说"态度决定了你的高度"，我想不管是在学习上，还是在职场上，这个态度就是一个人是否愿意承担、是否有责任感！当爸爸妈妈深刻了解"提供机会让孩子做选择，就是培养孩子负责任的开始"，且落实在与孩子的互动中时，就是正在送给孩子一个千金难买的人生礼物。

Tips1 ✦ 将属于孩子的责任还给孩子

当孩子面对问题时，做爸爸妈妈的不要主动去帮孩子解决问题，而是要耐心地鼓励孩子，帮助孩子做出属于他自己的决定。也就是爸爸妈妈要将属于孩子本身的责任还给孩子，让孩子从经验中学习自己做决定以及为自己负责，而不是为孩子承担所有的责任。

游戏养育——在游戏中发现孩子的天性与潜力

试问各位爸爸妈妈,平常你会不会因为赶时间而替孩子做了很多事情?例如替孩子整理要携带的东西、穿外套、穿鞋子、提水壶,等等。玩具坏了、饮料罐打不开,你是不是就帮他修好、打开呢?我想帮这些忙不能说是错的,毕竟有很多基于现实的考量与限制,但若要我们的孩子更有责任感、更有自信,就需要我们提供机会让孩子自己去做,借此培养孩子主动负责的态度。

帮助孩子学会负责任需要坚守一个信念,就是在孩子有能力为某件事情负责时,放手由孩子主导,一切由孩子来决定。当他无法做决定时,运用同理心揣摩他可能的感受,但仍然告诉他,一切是由他来决定的。所以我们可以常说的一句话是"在这里,你想要怎么做,就可以怎么做"。当孩子要求我们为他解决问题时,我们在态度上不能数落、拒绝或评判孩子,而是要给予孩子支持与鼓励,这样孩子会感到安全,不管他的想法或感觉如何,都可以尽量说出来,不需要有所顾虑。

以下是一些生活实例:

当孩子不想玩时,爸爸妈妈并不需要费尽心思诱导孩子来玩,或骤下结论结束游戏,只需要反映出孩子的状态即可。
"你很难决定想先做什么。"
"你现在只喜欢静静地坐着看。"

孩子拿着饮料瓶说"我不会开,帮我打开",爸爸妈妈无须立即为孩子打开,可以说:
"你可以试试看的!"

当孩子真的无法完成,需要帮忙时,也请你先问问他:
"要我怎么帮你呢?"

如果孩子真的需要帮忙,可以与孩子一起做,或者爸爸妈妈先做一部分,剩余部分由孩子来完成,让孩子在问题的解决过程中有参与感。当孩子打不开饮料

第七章 提供选择的机会，帮助孩子学会负责任

时，你可以说：

"来！我们一起来打开！"

你可以邀请孩子协助握着饮料，然后一起将饮料盖子打开，这个过程孩子也仍然是有参与、有投入、有负责的。

当孩子有不恰当的行为时，与其制止他，不如给孩子提供另一个可接受的选择，这样可以增强孩子做选择的能力。例如孩子在睡前拿了一大罐糖准备吃，爸爸妈妈与其喝止孩子，不如很理性地告诉孩子：

"你可以选择拿一颗糖，把剩下的放回去，也可以选择不吃任何糖，由我放回去。"

综上，对于爸爸妈妈可以如何有效地提供机会让孩子做选择，培养孩子负责任的态度，可以归纳出以下几点：

1. 在孩子有能力承担的事件上，尽量让孩子做决定。
2. 在孩子能力无法完成的事情上，邀请孩子一起参与、一起完成，让他能部分地负责，有所贡献。
3. 平日与孩子互动时运用言语提升孩子的自尊、自信与责任心（见下述内容）。

游戏养育——在游戏中发现孩子的天性与潜力

Tips2
✦ 运用语言提升孩子的自尊自信与责任心

本书第四章提到反映孩子的正向行为可以提升孩子的自尊与自信,而本章所强调的要提供孩子选择的机会,让孩子学会为自己的行为负责任,也能提升孩子的自尊与自信。在此,我根据心理学理论与实践经验,结合这两章内容,提出以下几类可以有效提升孩子的自尊、自信与责任心的话语供爸爸妈妈参考。

1. 看到孩子做了该做的事时,具体地描述孩子的这个行为。

"妈妈看到你帮弟弟穿衣服。"
"妈妈看到你会自己整理书包,带好文具用品。"
"你会陪妹妹玩。"

2. 如果只能看到孩子的成果或作品,请巨细无遗地描述作品内容,有时还可以想象着描述他投入创作的过程。

"妈妈看到你画了一个太阳,旁边还有三朵云,另外有一只小鸟在天上飞……"
"你的美术课作品,配色很鲜艳,用了红色、黄色、橘色……线条也很流畅……妈妈想你在画这张图时,应该是很专心、很投入的。"

3. 具体描述孩子有进步的行为。

"我看到你先把作业拿出来写。"(最好是孩子拿出作业时就立即反映。)
"今天弟弟把你组装的玩具弄坏了,我注意到你虽然很生气,但你没有骂弟弟,我觉得这是很大的进步!"
"你今天在规定的时间内做完了自己的家庭作业!"

4. 孩子的行为呈现出正向的特质时,具体地描述这些特质。

"妈妈看到你在玩'叠叠乐'时,两个眼睛专注地看着,配合着双手一块一块地抽出来又叠上去。"

"你今天主动把作业拿出来写。"

"我看到你现在很专注、很认真地在写作业。"

"我看到你组合积木时,虽然试了很多次都不成功,但是你不放弃,还是继续努力。"

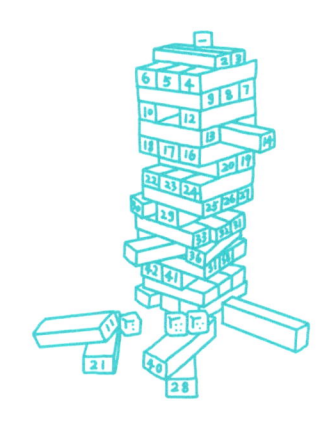

5. 孩子在表达一些他知道、他会、他愿意的事情时,将这些事情描述出来。

"妈妈,我告诉你哟,红色加上蓝色就变成紫色!"
"你知道红色加蓝色就会变成紫色。"

"我会!我会!这个我会组装,我组装过的,有很多不同的方式的!"
"噢!你以前组装过,你还会用不同的方法将玩具组合起来。"

6. 创造一些机会让孩子学习做决定。

"你在为涂上哪种颜色而苦恼,不过你可以自己决定。"
"你早餐要吃什么,你可以自己来决定。"
"你可以决定今天要穿什么衣服。"

7. 鼓励孩子做决定，肯定孩子愿意做决定的行为。

"我看到你决定先把作业写完，再去同学家玩。"
"我看到你决定先洗澡再写作业。"

第八章

为孩子的行为设限，促成孩子自我规范

第八章 有了明确的界限，才能够充分地拥有自由的空间。

"123 木头人"是小朋友很喜欢玩的一个游戏，也是一个很有趣的游戏。

扮演魔鬼的孩子背对着大家，喊着"1——2——3——木头人！"，结束的刹那，快速地转过头看谁还在动，其他孩子也要在喊声结束之前，把握时间往前跑。

这是一个很具主动性、掌控性的游戏，扮演魔鬼的孩子可以掌控喊"123 木头人"的快慢，并且有权力抓出喊声结束还在动的人。而其他孩子要尽量跑得够远，并且在喊声结束时要保持不动。孩子在游戏过程中不仅要展现自主能力，同时还要遵守界限，这种在界限之内充分展现能力的心理动力让整个游戏充满趣味。

游戏养育也很重视界限，唯有让孩子遵守清楚的界限，才能真的让孩子感受到自己是有能力的。

> 养育真的是一件很不容易的事情，爸爸妈妈常常陷入两难：孩子到底是"越打越皮"还是"不打不成器"呢？到底是要当"虎妈"还是当"小绵羊妈妈"呢？其实，游戏养育秉持的观点是，一个有效能的妈妈应该兼具"虎妈"和"小绵羊妈妈"的优点，也就是要懂得为孩子的行为设限。

第八章 为孩子的行为设限，促成孩子自我规范

✦ 界限：尊重与规范的平衡点

界限是一个非常重要的议题。没有了界限，所有养育技巧和方法都很难奏效，更遑论爱的教育或民主的养育。很多养育相关的演讲和书刊都提倡要接纳孩子、尊重孩子，但怎么可能每件事都顺着孩子呢？我们不也强调孩子要有规矩吗？而且现在经济水平提升了，大家都非常关注孩子的养育问题，经常是一堆大人在照顾一个孩子，宠爱有加，但规范不足。我们要如何在尊重孩子与有效规范孩子的行为之间，找到一个平衡点呢？

破题的关键就是在孩子享受自由之前，先确定好界限。也就是说当有了明确的界限之后，孩子才能够充分地拥有自由的空间。此外，高质量的陪伴，就是要满足孩子亲密与自主的两大心理需求，但如果没有明确的界限，也是无法满足孩子的这两大心理需求的。

· 界限的标准

界限就像马路上的红绿灯与斑马线，"红灯停，绿灯行""过马路要走斑马线"，当人家都遵守这些界限的时候，就会觉得顺畅、安全。界限又如学校上下课的钟声，可以让整个学校的运作变得井然有序。若是生活中没有了界限，将立刻产生混乱，然而即便有了界限，也不一定就能发挥功能，让生活变得井然有序。能产生功能的界限，必须符合以下几个标准：

1. 明确。界限的设定与说明要具体、明确，最好量化、标准化，让每个人收到的讯息都是一样的！以下是三个生活中常见的例子：

"妈妈，讲故事给我听！"
"好，等一下妈妈就过去给你讲！"
"妈妈，快点儿！"

游戏养育——在游戏中发现孩子的天性与潜力

"爸爸,我可不可以玩玩具?"
"作业写完了吗?"
"写完了!"
"好,那可以,但只能玩一小会儿,不能玩太久!"

"小宝,你看电视看了多久了?"
"才看一会儿而已!"
"一会儿吗?我看你已经看了好久了!"
"谁说的,我才看一会儿而已!"

在类似上述的亲子互动中,爸爸妈妈和孩子都不开心,如果日积月累,就会严重影响亲子关系。具体是怎么回事呢?其实类似"等一下""一会儿"的描述都只是一种感觉,对每个人来说都不一样,也就是孩子理解的"等一下""一会儿"和爸爸妈妈所想的"等一下""一会儿"并不一样。这就导致爸爸妈妈和孩子对彼此的反应都有不满。更有效的方式是用具体的数据来量化界限。

"妈妈,讲故事给我听!"
"好,再过 10 分钟,妈妈就过去给你讲!"

"爸爸,我可不可以玩玩具?"
"作业写完了吗?"
"写完了!"
"好,那可以,但只能玩 30 分钟!也就是下午 4 点 10 分,你就要去洗澡了!"

"小宝,你看电视看了多久了?"
"才看一会儿而已!"
"你只能再看 10 分钟,因为你从 3 点就开始看了,现在已经 3 点 50 分了。"

在执行某些重要事件的界限时,爸爸妈妈可以积极地把具体时间告知孩子。我个

第八章 为孩子的行为设限,促成孩子自我规范

人在养育自己孩子的过程中,特别注意以下几个时间:
(1) 孩子每天都该进行的阅读或写作业时间。
(2) 重要的生活作息时间。
(3) 容许孩子自主的自由时间。

"每天晚上 7 点至 8 点是全家的阅读或写作业时间。"

"每天晚上 6 点至 6 点半是洗澡时间,要完成洗澡这件事。9 点半是就寝时间,9 点半之前躺好,妈妈就过去讲一个绘本故事。"

"星期六、星期天下午 3 点至 4 点,如果作业都已完成,就是你的自由时间了。"

对于不乖、不听话、不懂事、爱耍脾气等抽象的描述,也需要换为对所要求的具体行为的描述,如"请在晚上 9 点前躺在床上!""现在就把玩具收到篮子里!"等。

2. 一致。"一致"这个标准涉及界限的设定和执行两个方面:

(1) 当我们设定了一些界限之后,必须统一标准,稳定一致地执行,绝对不要经常调整或更改。试想如果阅读时间换来换去,或有时规定 30 分钟,没多久又改为 40 分钟,那会徒增多少情绪与混乱啊!

(2) 执行者的态度要保持一致,这很关键,但也是最困难的,尤其是爸爸妈妈,两个人一定要一致地去实践。虽然有时爷爷奶奶或外公外婆会有不同的看法,甚至破坏爸爸妈妈设定的界限,但也正因为这样,只有爸爸妈妈一致地执行,爷爷奶奶或外公外婆才有可能配合。毕竟只要爸爸妈妈更投入,影响力还是会比爷爷奶奶或外公外婆大的!否则,如果爷爷奶奶或外公外婆有时破坏界限,爸爸妈妈也不坚定实践,那孩子自然不会遵守界限,情形只会更糟。

3. 规律。规律的内涵是指界限的执行要持续一段足够长的时间(我的经验是至少 3 个月),这样才能让界限产生功能。因为界限稳定、一致地持续一段时间之后,就会形成一种规律,自然而然地内化为孩子的好习惯。

19:00~20:00

第八章　为孩子的行为设限，促成孩子自我规范

·界限的功能

如果能够按照上述标准设定及执行界限，就会逐渐体现界限的以下功能。

1. 落实具体明确的界限，孩子就有规矩了。

有了具体、明确、一致的界限之后，孩子会变得很有秩序，基本上就不太需要规范了。其实没有界限才需要规范，就好像红绿灯坏了，才需要交通警察出来维护秩序。

举例来说，如果在孩子小的时候，就已经设定了界限，每天晚上 7 点至 8 点为阅读时间，那养成习惯后，每天 7 点一到，孩子就会自然而然地去书房阅读，不用爸爸妈妈提醒，更不需要爸爸妈妈吆喝、责骂。

2. 落实具体明确的界限，孩子的情绪会更稳定。

> "妈妈，讲故事给我听！"
> "好，等一下妈妈就过去给你讲！"
> "妈妈，快点儿！"

想想看，上述情境中，孩子的情绪是平静的吗？

> 孩子作业还没写，却在客厅看电视，于是妈妈叫孩子去写作业。
> "小明，赶快去写作业，别再看电视了。"
> "好啦！再一会儿就好了。"
> 过了 10 分钟，小明还是坐在那边看电视。
> 妈妈很生气。
> "你不是说再看一会儿就好了吗?! 怎么还不去写作业?!"

以上两个情形在日常生活中经常出现，妈妈和孩子都被弄得很有情绪。如果我们有明确一致的界限，这种情形就会少很多，孩子的情绪也会更稳定。

"好，再过 10 分钟，妈妈就过去给你讲！"

孩子不再焦急、不安，也不会呼喊妈妈，而是会耐心地等待。

"你只能再看 10 分钟，因为到了晚上 7 点就是写作业的时间。"

纵使孩子有些不情愿，但由于是设定好的界限，他还是能够平稳地接受。

3. 落实前后一致的界限，孩子会更配合。

举例来说，今天孩子吃完饭了，坐到客厅看电视，爸爸妈妈没意见。但第二天吃完饭了，孩子又跑去看电视，结果就被爸爸妈妈骂了一顿。接下来几天，孩子饭后看电视有时被骂，有时则没事。这样对孩子会有很不好的影响，孩子可能会变得很投机，想着今天试试看，又不一定会被骂，如果没有被骂，那就赚到了。有的孩子则会变得非常焦虑，因为有时会被骂，有时又不会，不知道到底是怎么一回事。

不一致的界限会教出一个投机取巧或者容易焦虑的孩子。如果执行界限时前后一致，孩子就会知道界限是一定要遵守的，那他就会愈来愈配合，而不会心存侥幸。

4. 落实明确具体的界限，孩子更有安全感。

界限的执行持续一段足够长的时间，就会内化为孩子的习惯，这是促进孩子情绪稳定与增强安全感的基础。以下是一个实际例子。

第八章 为孩子的行为设限，促成孩子自我规范

中国台湾发生"9·21"大地震之后，当局及各民间单位安置了很多灾民，但最后还有将近 30 位灾民，一直找不到适当的地方安置。

后来发现一个士兵营区还有一栋空着的营房，可以让这群灾民住进去。但有人怀疑，这些灾民的身心刚受了如此大的创伤，现在把他们安置在这么一个严肃的营区里，这对他们的身心状况好吗？可是连基本住的地方都没有了，还能奢谈什么呢，所以这些灾民不得不住进了营区。

每天早上 6 点，整个营区的起床号就响了，7 点吃早餐，8 点士兵开始出操、上课，12 点吃午餐，晚上 6 点吃晚餐，9 点熄灯就寝。刚开始，这些灾民只是勉强配合，但一个星期之后，他们就慢慢习惯了这样的生活作息。

3 个月之后，一些负责心理卫生的人员针对所有灾民进行了身心状况的调查，结果发现安置在这个营区的灾民的身心恢复状况是最好的。

✦ 如何有效地为孩子的行为设限？

规范孩子的行为，通常就是要制止某种行为，或培养另一种新的行为习惯，这就是游戏养育所谓的"设限"。也就是不准或要求孩子做某些事，但绝不是用打、骂、威胁、讨好等无效且有害的管教方式。以下是一个实际生活情境。

妈妈刚刚带感冒发烧的小明到诊所治疗结束，顺便到超市买些东西回家。小明看到冰激凌就吵着要吃。

"妈妈，买冰激凌给我吃，你好久都没买给我吃了。"

"不行！你生病了。"妈妈继续往前走。

"不管！我就是要吃冰激凌！"小明停在原地不走，还咳嗽了几声。

小明继续哭闹，耽误了妈妈购买东西，也影响了妈妈的心情。

后续发展有以下几种可能。

"小绵羊妈妈"：

妈妈温和中带有点讨好地对小明说：
"小明最乖了！要听话，今天生病不能吃冰激凌！"
结果通常是小明更加哭闹，妈妈不断地讨好小明，甚至提出很多条件来换取小明不再哭闹。

"虎妈"：
妈妈很有情绪地责骂小明：
"都生病咳嗽了，还敢吵着要吃冰激凌！"
结果小明可能更加哭闹。
妈妈最后受不了撂下狠话：
"再吵！看我回家怎么修理你！"
小明的哭声还没有停止。
"我说安静！有没有听到?!"妈妈狠狠地瞪着小明，作势要打小明。
最后小明悻然放弃了吃冰激凌，母子两人的情绪都受到影响，都很不开心。

以上的状况各位爸爸妈妈应该都不陌生，类似的结果应该也不是我们所期待的。那如何有效地为孩子的行为设限呢？

· **设限的步骤**

游戏养育中的设限是要规范孩子不当的行为，但有别于责骂或讨好，是建立在接纳及了解孩子的心理需求，同时又有明确界限的基础上的。**设限的用意主要在于传达了解、接纳及责任，目的不只是制止孩子的行为，而是帮助孩子用更恰当的方式来表达欲望或需求。** 因此，当爸爸妈妈想为孩子的行为设限时，可参考以下几个步骤。

步骤1：先确定孩子的行为是不是需要设限。如果决定要设限，观察一下自己的情绪，先稳定情绪，以温和而坚定为原则，不要让自己的情绪影响了设限的执行。

步骤 2：执行设限。

（1）反映出孩子的情绪、感受或期待，如"我知道你很想……""我明白你感到非常……"等。

（2）具体说出限制，如"但你不能……（因为……）""答案是'不'！""柜子的门不是用来踢的！"等。

（3）提供可行的选项，如"如果你喜欢，你可以……""你可以选择……"等。

步骤 3：如果设限奏效，则孩子可继续进行原有的活动。如果设限无效，例如孩子想再和你讨论、讨价还价、赖皮，甚至哭闹，则再次温和而坚定地说出限制，提供可行的选项，但同时配合行动来执行限制。

上述的 3 个步骤，其实整合了几个重要理念：

（1）爸爸妈妈要先稳定好自己的情绪。

（2）孩子内在的心理需求及情绪需要被接纳与了解，所以需要反映出孩子的感受、情绪或需求。

（3）爸爸妈妈的界限及规范的说明要具体，也就是用词简洁易懂。

（4）规范的同时，提供机会给孩子做选择，这是培养孩子负责任的开始。

结合上述情境来说明如何设限：

步骤 1：妈妈决定要对小明的吵闹行为设限，先稳定好自己的情绪。

这步隐含着设限有效的一个重要原则，即爸爸妈妈情绪要稳定。如果爸爸妈妈带着强烈的情绪，那么大多数孩子会被爸爸妈妈的情绪所震慑，甚至可能会受到惊吓。此时，爸爸妈妈的任何表达，即使只是在告诉孩子正确的言行或是担心、心疼孩子，孩子也可能都没听进去，也接收不到，因为他只接收到了爸爸妈妈的强烈情绪。在这样的状态下，即使孩子的某些行为不再出现，也只是他受到惊吓后胆怯、退缩的反应而已，以后可能会有更多不当的行为出现。所以，要传递一个明确的规范，不见得必须在事情发生的时候，也可以是在事情发生之后没多久，等爸爸妈妈恢复到比较平静的心理状态后再进行。也就是，情绪强烈时先不处理事情，心情平稳下来后再来处理。

步骤2：妈妈开始进行设限的步骤。
(1) 反映孩子的情绪、感受或期待。

> 妈妈停下来，转过身，看着孩子说：
> "噢，你好久没吃冰激凌了，好想吃冰激凌！"

这是一个基本且必要的步骤，主要目的是传达妈妈对孩子的了解，避免因为完全不理会孩子的情绪，让孩子产生失落与孤单感。而且，区别于既无效又有伤害性的养育方式，游戏养育中的设限建立在让孩子知道我们是了解他的基础上，即便我们不赞同孩子的某些行为或情绪。这一步需要注意的是，不要一直反映孩子的心理需求或情绪，更不要讨好孩子或提出交换条件，也就是要避免被孩子的情绪勒索。

(2) 具体说出界限或规范。

> 妈妈看着孩子，温和而坚定地说：
> "可是因为你生病了，所以不能吃冰激凌！"

在表达了解孩子的心理需求或情绪之后，紧接着说出界限或规范，注意配合温和而坚定的而非生气或责骂的语气！规范要明确、一致、具体，要让孩子听到且听得懂。其实沟通不是一件容易的事情，不管孩子多大，都不要以为我们说的话他们都听懂了。很多时候孩子不是不听话，而是我们说的内容跟他所理解的可能是不一样的！另外，要求孩子修正某个行为时，只要聚焦在一个行为即可，也不要长篇大论，那会失去焦点，孩子听了很多，结果什么也没进到他的脑子及心里。因此沟通时要注意用词简洁易懂，甚至要配合实际行动，带领孩子做一次才会有效。

(3) 提供可行的选项。
有的孩子感受到妈妈的坚定，又自知自己的行为或要求不恰当，就会修正自己的

第八章 为孩子的行为设限，促成孩子自我规范

行为或要求。也有的孩子还是继续赖皮，吵着要吃冰激凌。此时，不要再反映孩子的感受、情绪或需求，而是再次更坚定地说出界限或规范。

"妈妈说了，你生病，所以不能吃冰激凌！"

如果孩子还是继续赖皮、不配合，妈妈就要立即提供几个孩子可以接受，同时妈妈也做得到的选项，让孩子做选择。

"那不然有两个选项让你选择，一是吃巧克力饼干，二是等你病好了，妈妈再带你来买冰激凌。"

这个步骤非常重要，当爸爸妈妈提供选择让孩子学习做决定时，他的注意力会从情绪层面回到理性层面，这有助于孩子平稳情绪，同时又在践行游戏养育的一个理念——"提供机会让孩子做选择，就是培养孩子负责任的开始"。

注意提供选择是让孩子负责任，不是讨好也不是条件交换。后者通常的状况如下。

"不然妈妈买你喜欢的玩具给你？你不要再吵了！"
"不要！"
"不然买那个机器人？"
"不要！"
"不然……"

这样的对话实际上是孩子在掌控妈妈，孩子还会认为只要哭或吵，妈妈就会臣服于他。而提供选择则是孩子只能在妈妈提供的选项中做选择，且决定后就要自己承担结果。

步骤3：配合行动来执行限制。
在我的实践经验中，当孩子做了选择，通常事件就会结束，这也是游戏养育中设限

将"提供选择"作为重点的原因。但也有孩子在妈妈已经做到温和而坚定地反映他的感受并且提供选项后,就是不做选择或做了选择又赖皮,继续吵,这样的孩子过去多半有太多赖皮成功的经验。因此,妈妈也就必须用行动来有效地执行规范。

"吃巧克力饼干,还是等病好了来买冰激凌?"
同时,妈妈起身准备离开。

妈妈再次提供选项给孩子做选择,不再跟他讨论,同时准备离开现场。如果孩子还在吵闹,那就真的离开现场。如果孩子很小,就牵着他的手或抱着他离开!

实践证明,设限是一个很有力量的技巧,可以有效规范孩子的不当行为,也可以让孩子知道我们是了解他的,同时还能让他学习为自己的行为负责任。要顺利且成功地执行设限这个技巧,注意把握住过程中的几个原则:

(1)爸爸妈妈情绪稳定;
(2)爸爸妈妈用词简洁易懂;
(3)规范明确、一致且具体。

总之,慢慢来,一次规范一个行为。在开始规范孩子的某个行为时,具体地说出他该怎么做。如果孩子没有行动,则心平气和地用行动来带领孩子执行符合规范的行为。养育孩子有时没什么特别技巧,就是亲自带着他做,再配合简洁具体的说明。

设限过程中一定会面对孩子的情绪(可参照第五章的内容),爸爸妈妈既要让孩子感受到被接纳与了解,又要不被孩子的情绪绑架。需要注意的是,情绪的缓解需要时间,因此要懂得等待,让孩子有时间、空间、机会用自己的方法来觉察及缓解自己的情绪。

Tips
✦ 传达了解、接纳和责任，帮孩子表达欲望和需求

游戏养育的所有技巧，基本上都是接纳、鼓励及反映孩子的行为、情绪或意图，都是以孩子为主、跟随着孩子的，唯独设限是要限制孩子的行为。但游戏养育中的设限仍然有别于打、骂、讨好等方式，而是以反映情绪、提供选择或追踪描述行为等技巧为基础，向孩子传达了解、接纳及责任，目的不只是制止行为，而是帮助孩子用更恰当的方式来表达欲望或需求。

在现实生活中有很多地方会用到设限的技巧，比如让孩子的生活有规律、有规范，因此，能体会设限的内涵、实践设限的技巧，对你管教孩子会有很大的帮助，你可以既当"虎妈"又当"小绵羊妈妈"。

设限的简要步骤：
1. 反映孩子的感受、想法。
2. 说出限制。
3. 提供另外可行的选择。
4. 陈述最后的选择。（当孩子打破限制时，别忘了耐心是最高准则！）

示例：

　　孩子在墙壁上画画。
　　1. 反映出孩子内心的感受：
　　"我知道你很喜欢在墙壁上画画。"
　　2. 说出限制：
　　"可是墙壁不是用来画画的。"
　　3. 提供另外可行的选择：
　　"你可以画在纸上或黑板上。"

　　孩子拿枪射你。
　　1. 反映出孩子内心的感受：

"我可以感觉到你现在很生气。"

2. 说出限制:

"可是你不能拿枪射我。"

3. 提供另外可行的选择:

"你可以射墙壁或天花板,或者假装那个不倒翁是我,射不倒翁。"

孩子不愿意结束游戏时间。

1. 反映出孩子内心的感受:

"我知道你还很想玩。"

2. 说出限制:

"可是我们今天的游戏时间已经到了。"

3. 提供另外可行的选择:

"我们下个星期天的下午 3 点(之前已经说好的时间)还可以继续玩。"

孩子想要玩哥哥手上的玩具。

1. 反映出孩子内心的感受:

"我知道你真的很想玩那个玩具。"

2. 说出限制:

"可是哥哥还在玩。"

3. 提供另外可行的选择:

"你可以先玩这个(提供另一个玩具),15 分钟过后你们可以交换玩具。"

> **观察与调整**
> ✦ **明确自己的底线，才能温和而坚定地设限**

当孩子挑战或触犯爸爸妈妈的底线时，不要只是生气或责骂孩子，设限技巧的原则是温和而坚定，因此，要优先把自己的情绪稳定下来。但这谈何容易！一个有效的方法是，爸爸妈妈可以提前观察自己的底线，这将有助于稳住自己的情绪。以下列举了来自多位妈妈的不容挑战的底线，或许也是你的底线。

动手打手足：手足间的吵架是难免的，但如果有人动手打人，大多数爸爸妈妈就会受不了。

顶嘴：孩子做不好、考不好、做错事、忘记了交代的事情，只要孩子好好说，一般爸爸妈妈都还可以接受，但当爸爸妈妈在提醒孩子没做好的事情时，孩子却理直气壮地回应、顶嘴、死不认错，那大多数爸爸妈妈就会受不了。

不尊重长辈：对长辈说话语气很不好，或没有礼貌，还觉得自己的行为、态度没什么，甚至认为理所当然，此时大多数爸爸妈妈就会受不了。

做事情的态度差：爱做不做、拖拖拉拉、理由一大堆、边做边发脾气、故意丢东西发出很大声音、敷衍塞责……出现类似这样的态度，大多数爸爸妈妈就会受不了。

明知故犯：已经告诫或警告不能再犯的事情，孩子依然明知故犯，大多数爸爸妈妈就会很受不了。

说谎：做错事情没关系，但孩子说谎就犯了很多爸爸妈妈的大忌，甚至大多数爸爸妈妈会严厉地处罚孩子。

无法接受的生活习惯：房间太乱、袜子乱丢、边走边吃、大声喊叫……这些事通常没有明显的危险性，但爸爸妈妈不知道说了多少次，就是不见孩子改善，日积月累就会让爸爸妈妈很抓狂。

游戏养育——在游戏中发现孩子的天性与潜力

推卸责任：上学迟到或学习用品没有带，却说是妈妈没有帮他带，这样的态度很容易让妈妈受不了。

每位爸爸妈妈都有不同的底线，这些底线会触发情绪的引爆点。当这个引爆点被引爆后，爸爸妈妈通常会被自己的情绪淹没，此时根本不可能做到温和而坚定地进行设限。因此，爸爸妈妈可以好好地观察自己的底线，日后当孩子引爆底线时，才有可能温和而坚定地做好设限，并将责任交还给孩子。

举个例子，你要带孩子上学，结果孩子拖拖拉拉，让你一直等，等得发火，结果就很生气地骂他。其实，如果提前觉察到这个底线，就不会陷入这样的状况。你可以想好你的底线是可以等多久，如果是 10 分钟，你可以清楚且平静地告诉孩子："我再等 10 分钟，10 分钟内你弄好，就是选择我载你去；10 分钟后你还没有好，那就是选择自己走路去，我就先开车走了。"

此外，爸爸妈妈还需要反思的是，那些底线真的是你的底线吗？还是你也会因为自己的情绪状况，有时允许孩子越过底线，有时却大发雷霆呢？要让孩子遵守规范，首先必须要有清楚、明确、一致的规范，否则孩子在时而可以、时而不可以的状况下，是无法建立好的行为习惯的。

第九章

结语:
孩子优异的长久之道

第九章 关注孩子努力的过程，就是一种最好的肯定与鼓励。

我从事儿童游戏治疗已有二十多年，对"小时了了，大未必佳"这句话深有感触。我总是觉得好可惜、好遗憾，为什么孩子就不能一直表现得很好呢？！现在很多爸爸妈妈都在认真学习各种教养孩子的方法，通常他们的孩子在小学阶段表现得非常优异，但总是会有一大部分的孩子随着年龄的增长，表现越来越不像小时候那么优异，真的就应验了"小时了了，大未必佳"这句话。当然也有些孩子一直表现很优异，他们是"小时了了，越大越佳"。

上述状况好像凸显了一种矛盾，为什么明明很重视孩子的学习，怎么孩子反而表现得更差了呢？难道注意与重视孩子的学习是错的吗？！当然不是！根据文献及我的实践经验，10 岁之前，孩子的学习表现和爸爸妈妈的投入程度有极高的相关性。也就是说，对于 10 岁之前的孩子，只要爸爸妈妈多一点关心及投入，他们就会有优异的表现，但怎么会变成"小时了了，大未必佳"呢？我再深入地去了解这些孩子，发现关键在于这些孩子的学习态度有了转变。

第九章 结语：孩子优异的长久之道

✦ 学习态度的转变

1. 关注的焦点从"好玩的过程"转变为"想要得到奖励"。

孩子本来是开心地学习课程，加上爸爸妈妈的关心与投入，孩子的表现就很不错，经常得到老师或爸爸妈妈的奖励，如奖品、奖状、奖杯等，还会得到亲友的赏识与褒扬。久而久之，孩子的焦点不再是好玩有趣的学习过程，而是想要得到奖励甚至可以上台领奖。

2. 孩子的感受从"好玩"转变成"无聊"或"压力"。

任何学习到了一定程度之后，就需要更辛苦地投入，反复地学习与练习，不再只是"好玩"。此时孩子如果没有足够的内在动力，就会对学习感到无聊、无趣。如果接下来无法得到奖励，那学习就会变成压力。

这些转变经常会让爸爸妈妈感到很疑惑：难道奖励孩子的表现是错的吗？其实，奖励孩子并没有错，关键是不要仅仅赞美"结果"，更要强调孩子"努力的过程"。

✦ 努力的过程比好的结果更需要被回应

强调孩子努力的过程，也是在培养孩子回顾自己努力过程的态度，这是一种自我检核能力。自我检核是一种高层次的认知活动，是一个成功人士必备的能力。当孩子考完试，你问他这次数学可以考多少分时，很多孩子都会回答不知道。有的孩子说考得很好，但结果却没有他说得那么好。有些的确考得好的孩子，他们也不知道自己可以考多少分。而具有自我检核能力的孩子，就会很清楚自己会考多少分，哪道题写得不够好，哪道题错了，他都了然于胸。世上没有永远的第一名，但很清楚自己的优势、弱势在哪里，很清楚自己哪里需要改进，这种自我检核能力能帮助一个人成就很多的事情。

游戏养育——在游戏中发现孩子的天性与潜力

当发现孩子常常问你类似"妈妈你看,我是不是做得很棒?""妈妈,老师说我很乖!""我比赛得奖,你要送我什么?"等问题时,你就要警觉孩子关注的焦点已经开始从"好玩的过程"转变为"想要得到奖励"。这时,请不要直接回答他的问题或答应他的要求,而是要回应他"努力的过程",例如:

"嗯!我看到你已经把作业写完,而且写完后还把作业本收到书包里。"
"你很希望比赛能得奖,妈妈看到你这几天练琴练得比以前多,有时看起来有点累了,还是打起精神练习,真的很让妈妈欣赏,赞!"

◆ 通过选择激发孩子的内在动力

学习不可能永远都是轻松快乐的,到了一定程度,孩子必须要有内在的、自发的动力,才可能引领自己更专注地投入学习。而每个人都比较愿意为自己的选择而努力,一个青少年若是自己做了一个创业的决定,他一定会主动地努力,不需要别人逼迫或提醒。因此引发孩子内在动力的一个有效方法便是让孩子自己做决定。

在孩子有能力承担结果的状况下,爸爸妈妈可以提供足够多的机会让孩子学习选择。例如,孩子小的时候选择要穿什么样的衣服,吃什么口味的餐点,大一点之后要怎么布置他的房间,剪什么样的发型,等等。

当然,让孩子选择他比较不感兴趣或是比较辛苦的事情时,他可能会拒绝。例如,问孩子要不要补习,大多数孩子可能会选择不要。问孩子要不要帮忙扫地、拖地,有的孩子还会说为什么不叫姐姐做。此时,爸爸妈妈如何提供选项就很重要了。如果孩子分担家务是必须要培养的习惯,那爸爸妈妈就不要让孩子选择要不要扫地,而是让孩子选择扫地的时间,比如问孩子是要星期六扫地还是要星期天扫地。

为了有效地引导孩子,各位爸爸妈妈在孩子专注地做某件事时,可以做类似以下的反映:

第九章 结语：孩子优异的长久之道

你看到……
你注意到了……
你知道……
我看到你……

孩子持续专注了一小段时间之后，可能开始累了。在孩子就要分心之前，爸爸妈妈可以做一个小结。

嗯！你已经写完……
你已经做到……
我看到你已经完成了……

当孩子完成了一个小任务或一项作业时，爸爸妈妈一定要将他的努力过程反映出来，甚至可以加上对正向情绪的反映。

嗯！完成了！好开心，好有成就感！妈妈看到你刚才……
哇！你做到了呢！妈妈看到你刚才……
完成了！妈妈看到你刚才……

在观察孩子做某事时，不管是一开始、过程中，还是结束时，爸爸妈妈都应该把握机会给孩子以正向的回应。因为有爸爸妈妈的关注与正向回应，孩子会有更多的能量，也更能持续专注地完成这些事。其实爸爸妈妈这样关注孩子努力的过程，就是一种最好的肯定与鼓励，会让孩子产生更多的内在动力。

观察与调整
✦ 孩子过度追求成果吗？

只有达到他的目标，他才会高兴。

他只要他想要的，其他的东西他一概无法接受。

孩子常常问你"我是不是最棒的？"。

他很难接受别人不同意他的意见。

他常常说"我很聪明，对不对？"。

他常常取笑别人好笨。

孩子很在乎排名。

孩子会很急地想学会一个新的东西。

孩子非常在意是否得奖。

孩子很想得到你的肯定。

你很肯定孩子的表现，但孩子好像觉得还不够。

孩子常常会问，做这件事情有没有奖励。

第十章

困境与解惑

第十章 了解与支持始于用心聆听。

情绪篇

✦ 1. 怕黑

我的孩子很怕黑,每晚睡觉都要我们夫妻俩陪着,而且不能关灯,不然半夜他醒来后一定放声大哭。请问老师,要怎样才能让孩子不用爸爸妈妈陪着睡觉呢?

在回答你的问题前,我想先说的是"人的情绪需要百分百地被接纳"。当情绪百分百地被接纳与了解时,因情绪而衍生出来的行为才有可能缓解或消失。你所提到有关孩子"怕黑"的问题,基本上是属于情绪方面的议题,因此,先了解与接纳孩子的情绪是很重要的!

我们试着来了解孩子的"怕黑"。从你的描述内容可以感受到孩子的"怕黑"是一个现象,这个现象对孩子而言可能是焦虑、没有安全感。孩子的气质或一些曾受到惊吓的经验,都有可能影响孩子的安全感。我们可以试着从安全依恋的观点来找出有效的方法。

人都需要有个依恋的对象,刚出生的婴幼儿的依恋对象基本就是照顾者。如果照顾的品质刚刚好,婴幼儿就会成为一个有安全感的小孩。随着年龄的增长,孩子的依恋对象从照顾者扩展或转换到奶嘴、睡觉时抱着的抱枕、毛巾、娃娃等。即使长大了,有人睡觉或看着电视时还常常会抱着一个抱枕,这让人更有安全感,有被陪伴的感觉。

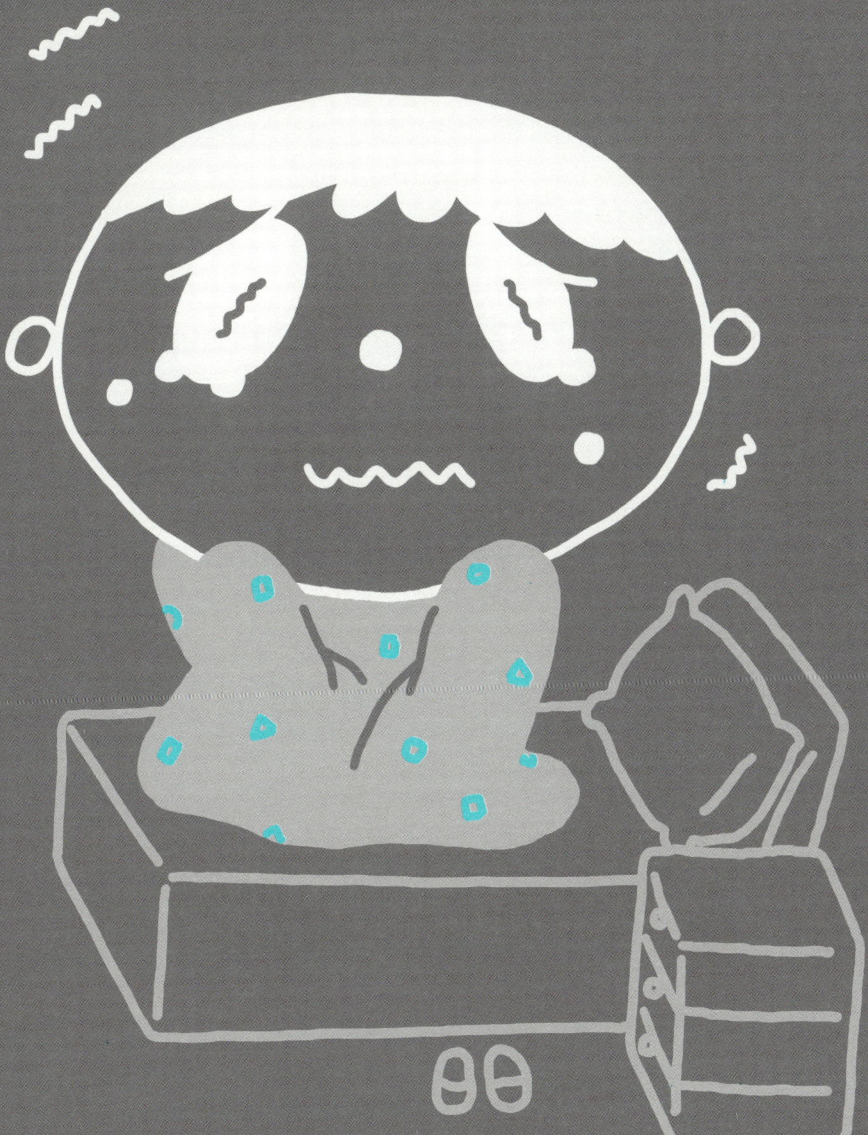

结合上面的说明，以下有几个具体建议：

（1）孩子如果有因为"怕黑"而出现的情绪，请优先反映出他的害怕、担心，并且让孩子可以哭、可以抱着你，而不要说"长大了要勇敢"或是"不要哭"之类的话。这些因为没有安全感而衍生出来的情绪，需要百分百地被接纳。

（2）请情绪平稳地陪着孩子睡觉，因为你对孩子的行为越是不耐烦，越是担心或生气，孩子就越没有安全感。

（3）在陪伴过程中，创造一个安全依恋的具体物件，例如他喜欢的长颈鹿娃娃、小熊布偶等。你每次陪孩子睡觉时，可以告诉他这个娃娃或布偶是一个天使、一个守护者，它和爸爸妈妈一样会保护他。

（4）稳定一致地运用上述方式陪伴孩子一段时间，直到孩子跟这个娃娃或布偶产生联结，例如孩子会自动地抱着娃娃睡觉，或是跟娃娃说话。你再试着将陪睡时间缩短，但请不要太着急。

面对孩子焦虑、害怕、担心之类的情绪，要百分百地接纳它们。你越是拒绝、否认孩子的这类情绪，越是会让他焦虑、害怕。你平稳地接纳与陪伴孩子，孩子才会有足够的安全感，也就比较不会焦虑、害怕了。

✦2. 掌控欲强

儿子5岁，每天上幼儿园前都要让我承诺"妈妈就在车里等他，哪里也不去"。我平时曾试着跟他说妈妈要工作或干什么事，放学去接他，但他几次都是直接哭喊、崩溃，很不讲道理。他最近经常说"你就在车里等我，你不会骗我吧？"，可我感觉他知道我会走，然后会再来接他。他自欺欺人的这个做法我该怎么引导呢？

第十章 困境与解惑

首先,我们要看懂孩子内在的状态是什么。

你提到你说要工作,他就哭喊、崩溃,很不讲道理,这给我的感觉是这个孩子的掌控欲好像蛮强的,都要听他的,照他的话做,不能不听他的。如果没有照他的话做,他就哭喊、崩溃,那哭喊、崩溃之后呢?是不是只有改为顺着他说"好!好!妈妈不走,妈妈就在车里等你下课!",他才会平息?如果是这样的话,我觉得他真的是掌控欲比较强的一个孩子。

面对这类孩子,在平常的生活中,贯彻具体、明确的界限就相当重要。也就是说,日常生活中有关读书、写字、吃饭、看电视、起床、就寝、洗澡等时间的设定要具体、明确,且要落实。通过这样的方式让他学习遵守与配合,而不是凡事都听他的,只有他说的算。

我要澄清一下,掌控欲不是不好哦。掌控也是一种能力,有掌控欲的孩子很有自己的想法、很有创意,但如果掌控欲太强,甚至变得不讲道理,什么都要听他的,那就麻烦了。我们要让孩子明白,有些事情必须遵守,只有在界限之内,他才有资格好好地满足以及享受他的掌控欲。有了这样的界限之后,再来谈后面的处理就会更有效果。另外,他明明知道妈妈会走,然后放学时再回来,可是他就是要妈妈说妈妈就在车里面等他,哪里也不去,这种所谓的自欺欺人其实是在求一个心安,也就是说孩子的内在是有担心与焦虑的。人在面对生离死别的时候,特别会说这种自欺欺人的话,如"医生说你一定会好起来的""我们等你康复,再去夏威夷旅游"……他要求妈妈不能走,就是要在车上等他,可见他很怕孤单、很怕被遗弃!有些人越没有安全感,就越呈现焦虑、害怕、退缩等行为,而有些人越没有安全感,越要掌控关系最亲密的人。

面对掌控型的孩子,最重要的就是要让他有安全感,让他感受到有人陪伴着他,他不是孤单的!但我们不可能随时随地陪伴孩子,也不可能随传随到!因此我有一个具体的建议,就是创造一个英雄人物来稳定地陪伴孩子。这个英雄人物要有能量,很厉害,孩子能够肯定及认同这个人物具有保护他的力量,进而与人物有

所联结。要创造这样的一个人物来跟孩子有所联结或让孩子认同,有几种做法,具体说明如下:

(1)让孩子喜欢的卡通人物、电影英雄等形象与孩子产生联结。
(2)通过陪孩子阅读绘本或讲故事,让故事中的英雄人物与孩子产生联结。
(3)创造一个跟妈妈有联结的物件形象。

这个人物形象让孩子认同并产生联结后,妈妈也可以挂一个人物的小公仔(如奥特曼)在孩子的书包上,让他可以带着一个这样的人物上学,或者想象一个有能量的具体的形象在陪着他,从而有一种心安的感觉。渐渐地,这个形象就可以帮助孩子有效地转换掌控的力量,并协助孩子调和他看似矛盾、冲突的内在。

另外,孩子需要一个固定、规律的陪伴时间,让他感受到只要在这个时间,妈妈就一定会出现,比如"我知道你希望一放学就能够看到妈妈,妈妈不会迟到、不会不来"。平常的时候,建议建构一个特殊的游戏时间,让孩子知道"这个时间到了,妈妈就一定会陪我",妈妈就要做到"对!只要时间一到,你就一定会看到妈妈"。我觉得要让孩子有这种安全感,而不只是让他求一个心安。

◆3. 不能面对父母离异

我弟弟刚离婚,一个男人带着 3 个 8 岁到 19 岁的孩子。老大和老二对于父母的分开还可以接受,只是小儿子的反应很大。在爸爸面前他很乖,可是爸爸一走开,比如在学校、补习班、才艺班或奶奶家的时候,他奇怪的动作就来了,和同学打架、说话很粗鲁,还时常发脾气、乱丢东西。身为他的姑姑,我却爱莫能助。请问老师我可以怎么帮助这个孩子呢?

不同阶段的孩子在面临父母离异的议题时,受到的影响其实本来就会很不同。10岁或 12 岁以上的青少年已经在寻求自我独立,但 10 岁以下的孩子对母亲的依恋还很强,因此父母离异对 10 岁以下的孩子的影响可能就更大。你说到弟弟的小儿子对于爸爸妈妈的离异反应很大,那就表示他对父母离异这件事可能还无法接受或释怀,可他又无法做什么来改变这个事实,可以想象他有多无力、多无奈。于是他在爸爸面前就很乖,但到了学校、补习班或奶奶家,打架、说话粗鲁、乱丢东西的行为就出现了。

请不要只是专注于他的这些行为,你可以揣测看看这些行为代表着何种意义。我常觉得这些行为是一种"求助",其实他是在告诉大家:"我需要被了解、被帮助!我好痛苦!我好无助!我好愤怒!……但我讲不出来,讲不出来啊!"孩子是无法一个人厘清这些复杂的情绪的,但这些情绪又在他心中翻搅,所以才会出现这些所谓怪异的行为。也就是说,这些行为的发生,很有可能是孩子面对父母离异所产生的复杂情绪,没有被充分表达及照顾所导致的。那该怎么办呢?针对你弟弟的小孩,我提供几个建议供你参考,总结起来就是"表达、谈心、允诺与同意"。

(1)表达:一定要找个时间引导孩子说出对父母离异的想法及心中的疑惑。说出来不能改变事实,但却能缓解心中的压力。

(2)谈心:支持及接纳孩子的情绪,一开始他不一定会说很多,但可以从他的行为揣测出隐含的心情。理解孩子的心情需要像剥洋葱般一层一层地深入下去,所以会是一个缓慢的过程。

(3)允诺:允诺孩子父母虽然已经离婚,但孩子还是可以同时喜欢爸爸和妈妈,离婚也不影响爸爸妈妈对他的爱,更不是要离开他、不要他了!

(4)同意:同意孩子可以跟不住在一起的妈妈保持联系及互动。

离婚是两个大人的事情,亲子间的关系不应该也跟着断裂。要知道孩子因父母离异而出现的一些怪异行为,其实就是一种求助。请试着让孩子有机会好好地表达出心中的想法及情绪,两个大人要理性地合作,给予孩子"允诺"与"同意"。如果离婚的双方无法理性地做出"允诺"及"同意",对孩子实在是一种伤害!

✦4. 不敢尝试新事物

孩子在公园看到其他小朋友荡秋千,从孩子的眼神、动作,我感受到孩子想要去荡秋千,但就是不敢过去尝试。当孩子渴望尝试新事物,但又害怕时,我们可以怎么轻推孩子呢?

孩子在成长过程中多少都会遇到这样的状况,尤其有些孩子的特质比较没自信、敏感、谨慎、慢热……在面对新环境、新事物时,他们的内心就会出现这样的冲突,既有渴望、想尝试,但又紧张、害怕、担心。需要澄清的是,有这些内在冲突不代表孩子没自信或没能力!但这样的冲突如果在孩子的成长过程中一直存在,那就会对孩子造成很大的干扰,长期下来,对孩子的自信、自尊会有很不好的影响。

当你面对类似的情况,如孩子想要去荡秋千却又不敢尝试时,可以怎么做呢?我提出以下几点具体的做法供你参考。

第一个步骤就是优先反映孩子内在的意图、情绪或想法。

"宝贝,你很想去荡秋千,但又有点害怕!"——这是反映孩子的意图和情绪。
"宝贝,你很想去荡秋千,但又担心掉下来受伤了!"——这是反映孩子的情绪及他担心的事情。
"宝贝,你很想去荡秋千,但以前都没荡过,所以在想怎么荡才好!"——这是反映孩子可能有的想法。

我们内在的意图、情绪与想法是我们行为的动机来源与启动器。如果我们的情绪、意图是一致的,那就没有悬念地去行动了!例如,你喜欢打球,所以你假期可能就会安排与朋友一起打球。你喜欢吃某家餐厅的面,你就会专程过去吃。就算在

第十章 困境与解惑

行动过程中遇到困难或挑战,你也会想办法克服或解决。但当我们内在的情绪、意图不一致并且相互冲突时,我们就会陷入两难的困境。此时,最适当的处理方式就是优先反映内在的意图、情绪或想法。

因为意图、情绪是一种主观的内在感受,没有对错好坏,所以都要被接纳!当我们反映出孩子内在的意图、情绪之后,他感受到的是被接纳、被了解。当意图、情绪被了解、接纳之后,就会像水一样流动起来,那些负面的担心、害怕等情绪,就会纾解掉!

第二个步骤是留白,同时关注孩子朝目标努力的过程。也就是在我们反映孩子内在的意图、情绪或想法之后,要稍稍地等一下孩子。因为负面情绪的纾解是一个过程,需要一些时间,不要期待孩子的负面情绪会马上消失。另外,孩子的内在是有动力去尝试的,因此,在留白的同时,我们要关注孩子朝目标努力的过程。孩子不会马上就行动,但会逐步地朝目标靠近,可能就是一小步、一点点尝试,但我们就是要关注这一小步、一点点尝试的过程。

"你过去摸了一下秋千。"
"你在仔细地观察,看别的孩子怎么玩。"
"嗯,你坐到秋千上了!"
"你好开心啊,你坐在秋千上了!"

"嗯！你试着轻轻摇了一下！好刺激！好好玩！"

整个过程就是紧密跟随孩子的一点点进步，不要太着急，更不要催促孩子！这样关注孩子朝目标努力的过程，就是一种最好的肯定与鼓励，也会让孩子产生更多的内在动力。

第三个步骤，就是要给孩子安全感上的保证，让他有足够的安全感。经过前两个步骤之后，孩子想去尝试的动力会更强烈，但不代表原有的担心、害怕就会不见！因此，我们要让孩子更有安全感，这样就更能促进孩子勇敢地去面对内心的担心、害怕。

"妈妈知道你还是会害怕，但妈妈会一直在旁边陪着你的！"
"妈妈知道你担心掉下来会受伤、会痛，妈妈会注意你的，不让你掉下来！"
"如果真的不想玩了、害怕了，你喊一声妈妈，妈妈就会马上把你抱下来的！"
"你担心太大力会掉下来，妈妈就在后面轻轻地推，等你觉得可以大力一点，你再告诉妈妈。"

此时千万不要说：

"没什么好怕的！"
"不要怕！"
"不要紧张！"
"你看别的小朋友都玩得很开心！"
"掉下来又不会怎么样！"
……

总之，当孩子的担心、害怕被了解与接纳，又有了足够的安全感，孩子不仅会变得比较不担心、不害怕，他还会因为你关注他朝目标努力的过程，而变得更有勇气来面对让他担心、害怕的挑战。

上述三个步骤是在状况发生时要做的事情,第四个步骤则是要在日常生活中落实的。如果你觉得自己的孩子就是比较没有自信,或是遇到事情总是容易出现类似的冲突,那在平常的时候,你就要多为孩子创造一些成功的经验。这里强调的成功经验不是一个结果,如考 100 分、考前三名、完成一个优秀的作品、得奖、上榜,等等,因为结果有好就有坏,如有上榜就有落榜,前三名仅有三位,更多的孩子不是前三名。成功的经验是一个努力、专注、用心的过程。当孩子在某一件事情上努力、专注、用心时,我们要具体地描述出来,也就是立即反映孩子的正向行为,并在孩子完成这件事时,以"你会……""你能够……""你可以……""你知道……"等来回应孩子,这样可以提升孩子的自尊和自信。

相信经历了这四个步骤,你的孩子会越来越敢于尝试新事物。

✦5. 不愿结束游戏

孩子已经进行了两次辅导,当他知道第二次的游戏单元要结束时,就在地上打滚、哭闹,不肯离开,妈妈在一旁反复地说"不可以"也无济于事,而我对孩子的哭闹一直会有难受甚至心疼的感觉。其实第二次的辅导因为加入了游戏元素(装傻,调频)和倾听元素,孩子在结束时的表现相比第一次已大有改善。除此之外,我还可以做些什么给自己做心理建设?又该如何对孩子和妈妈做出回应呢?

当孩子有情绪的时候,情绪一定要被接纳,也就是要反映孩子的情绪。但这些情绪经常伴随着负向行为,因此不可以一直反映,否则就是在强化他的负向行为与情绪。在反映情绪 1 ~ 2 次之后,我们就要留白,同时温和而坚定地坚持界限。其中留白的过程不是真的完全什么都不做,而是不再专注于孩子的情绪或吵闹的行为,此时要让孩子知道你是坚持界限的,然后就是等待,一旦孩子的情绪或行为有所调整时,我们就加以反映。

问题中提到的装傻与倾听,在我看来就像留白,而调频其实就是在指认孩子的感受、期待或渴望，也就是反映情绪及反映内在这两个技巧的运用。在装傻、倾听、调频的过程中，不做任何承诺，也不同意孩子的要求，其实就是坚持界限。我的实践经验让我深信，咨询师或父母只要能做到反映孩子的感受，又能坚持界限，在孩子持续吵闹或耍脾气的过程中留白、等待，这样孩子的情形就一定会改善。我不敢说一次就可以成功，但把握这样的原则，孩子会一次比一次有进步！当你看到孩子的转变，你就会越来越相信，我们这样做是对的，对孩子是有帮助的。这整个过程，我们不只是在处理孩子哭闹、耍脾气的行为，更是在接触孩子，贴近孩子，了解他的需求。

需要说明的是，如果没有看懂或了解孩子内在的心理需求是什么，只是为了不让他哭闹，就去满足孩子的要求，那会让问题越来越严重。所以在面对孩子哭闹或耍脾气的时候，我们可以使用上述处理方式，但当事件过去之后，我们要进一步地去了解这些哭闹、耍脾气等行为背后的心理需求是什么。这样我们在指认孩子的感受或反映孩子的想法、渴望时，就能更精准，这也就是所谓的调频。如果我们能在平时就满足孩子的亲密需求或者自主需求，那孩子的哭闹、耍脾气等不当行为就更容易消除了。

总之，要从根本上处理孩子的哭闹、耍脾气等不当行为，就要从了解孩子的内在需求做起，而不是一味地满足孩子当下的要求。作为咨询师的你，看到孩子哭就会心疼，表示你有一颗很柔软的心，相信你是一个很能共情且有同理心的人，也是一个很容易贴近孩子的人。如果能把握住**"要了解孩子内在的需求，而不只是满足孩子的要求"**，那你会越来越看到孩子的心理需求，而不只是看到他的哭闹而已，也就更能看到孩子的进步与能力。

第十章 困境与解惑

习惯篇

✦6. 不收拾玩具

我的孩子总爱把玩具篮里的玩具倒出来玩,但是每次玩了就走,从不会收拾。无论我怎么劝说,他都没有养成收拾的习惯。我应该怎么做才能让孩子自发地收拾玩具呢?

你除了"劝说"他要收玩具,还说过什么?用过什么样的方法呢?

我猜,你想知道的应该不只是如何让孩子自发地收玩具,而是如何让孩子养成一种好的习惯。这是一个很值得探讨的议题,性格决定一个人的命运,而习惯塑造了一个人的性格,培养孩子一个好的习惯胜过给他千金万金。

我们可以从人都有亲密需求这一观点来探讨如何培养孩子的好习惯。所谓亲密需求,表面的意义就是被呵护、被照顾、被疼惜,延伸的意义体现在生活中就是被看到、被注意到。当这种需求被充分满足时,孩子会形成一个"我是有能力的"的自我形象。奇妙的是,当爸爸妈妈可以让孩子感受到被看到、被注意到时,亲子间的关系就会自然而然地变得很亲密。

要培养孩子的好习惯需要遵循两个原则:

第一,放弃无效的管教方式,亦即不要再用你惯用的劝说或提醒的方式。因为无效的方式一再使用,就会变成一种让人很烦的唠叨。

第二,练习坚持每天很平静地对孩子说出一个他的正向行为。说的内容要符合下列三个标准:

（1）是孩子当天、刚发生不久或正在进行中的行为，尤以正在进行中的行为最好。
（2）具体且明确地描述出行为的过程而非仅仅赞美结果。

不期待的反映方式：

"你好乖！"
"你今天好听话！"

期待的反映方式：

"我看到你将积木、汽车、娃娃都放回篮子里，还盖起了盖子！"
"你吃完点心，就将作业拿出来写，还问了妈妈两个数学题目该怎么写。"

说完上述内容，再说"你好乖！"就没有问题了。
（3）不管是主动地还是被动地，只要孩子开始行动了即可。

针对改善孩子收玩具的行为，具体建议有以下三点：

（1）用行动而不是用责骂来表达你的坚持。不要口头劝说，而是放下手边所有事情，亲自带孩子过去，要求孩子收玩具。不要带着情绪，更不要责骂，而是温和而坚定地让孩子感受到这次是来真的！

（2）反映孩子正在进行的行为。当孩子在温和而坚定的要求下，开始收玩具时，不要在乎他是否开心，而是要将他收玩具的行为说出来。

（3）孩子收好玩具之后，给一个总结性的回应，要包含孩子的情绪、收玩具的具体过程，如"刚才你不是很开心，但我看到你将汽车、积木都放进篮子里，还盖起了盖子！你做到了！"。

这样用行动带领孩子收拾玩具并反映出孩子的行为及情绪，坚持一段时间，孩子就会自发地去收拾玩具。

✦7. 沉迷电子产品

儿子今年 7 岁了，我发现他做事情、写作业都不是很专心，尤其对长辈的话总是"左耳进，右耳出"，没有放在心上，可是玩手机的时候就非常专注，叫他都没有回应。请问老师，我要怎样说，孩子才会认真听我的话？

这是一个很普遍的问题！有了电视之后，孩子常常被电视"照顾"。有了小型电子产品之后，手机、iPad 又成了新的"保姆"。图像、影音等刺激本就比较容易吸引孩子的注意，相比而言，单调的书本、作业就没那么有吸引力了！要让孩子对书本、作业能够专心投入，就需要通过陪伴、鼓励来培养孩子的这份态度与能力。陪伴与鼓励的过程也会让你跟孩子的关系更亲密，如此"左耳进，右耳出"的现象也会有所改善。

其实，孩子看电视、玩手机或 iPad，多半都是看一些好玩的、有趣的影片或游戏。这些影片及游戏之所以吸引孩子，原因至少有以下三个：

（1）只有肯定，没有责骂。玩游戏即使失败了，也不会被责骂，甚至还会被鼓励，如"加油""再来一次"。如果成功过关就会立即被肯定，还会被鼓励继续进阶挑战。

（2）游戏过程有趣、好玩又有变化。每个影片或游戏都是音效配合着画面，生动活泼又好玩。

（3）游戏的主角满足了孩子的心理需求。游戏中的主角多半是英雄，或是可爱、漂亮、会令人疼惜的角色，这充分满足了孩子想当一位有能力的英雄或想被细心呵护与照顾的心理需求。

你看到这些，内心有何感想呢？你知道为什么孩子会那么沉迷电视、手机或 iPad 了吗？

相比于影片、游戏，爸爸妈妈有一个优势，就是我们是真实的个体，是可以让孩子接触到、感受到的！以下有几个建议可以参考看看。

（1）请你根据自己的工作状况，很规律地安排一个固定时间陪孩子，建议每周至少一次，一次至少半小时。陪伴过程中不谈功课、不谈成绩、不谈他的表现，让孩子选他喜欢跟你一起做的事情，下棋、玩牌、打球、散步等都很好，重点是过程中只有肯定，没有责骂。

（2）请学习用"我看到……（孩子的具体行为）"这一句型回应孩子的行为，如"我看到你写了一行作业了！"。虽然孩子的作业可能有十行，但请不要等孩子认真写完才回应。否则，他写作业一段时间之后就会不专心、不认真，如果这时再被你责骂，那他永远不会在写作业上被肯定，也就自然不会对读书、写作业有兴趣。除了写作业之外，其实只要孩子刚开始有正向的行为出现时，就请你对他说"我看到你……（孩子的具体行为）"。

（3）请让自己学习放松、自在。你越是放松地对孩子进行反映，就越能让孩子感受到你的关心与疼爱。你知道吗，你的放松与自在才可以让孩子真实地接触到你、感受到你的爱！

"爱"是无法被影片及游戏取代的！除非孩子在现实生活中一直感受不到你的爱。相信自己，相信孩子！处理好自己的心情，轻松地陪孩子做他喜欢的事情就对了！

✦8. 没有礼貌

孩子在小班的时候能够主动和人打招呼，也比较有礼貌，中班的时候就不爱打招呼了，还很喜欢在客人、老师说话时插话！老师讲明可以举手发言，但孩子不愿意遵守！另外，孩子喜欢坐椅子时翘椅脚，摔过两回还是喜欢翘，跟他明确地说不能翘也不管用。

小、中班的孩子一般是三到五岁，这个年龄阶段的孩子，其实是很渴望被肯定、被鼓励的。从提问中得知他在小班还比较有礼貌，为什么到了中班就越来越没礼貌了呢？这不符合孩子的心理需求及发展啊！所以，我可以大胆地推测这些没礼貌的行为背后一定是有原因的，一定是孩子的某些需求没有被满足。

当孩子出现所谓的问题行为时，作为老师和家长应该探究的是他内在的心理需求是什么，他在期待什么，他想要老师和大人给予他什么。孩子的那些没礼貌的行为是渴望被关注，还是为了展现自己是有能力的人，抑或两者都有？

咨询师要想诊断孩子的内心需求，一般都会结合这个孩子的生活环境来思考。我们要了解孩子的基本资料、家庭概况，例如孩子在学校、家里的生活状况，家长的管教态度，学校老师的评价等等，并且将孩子的问题行为具象化，例如孩子发生某个问题行为时涉及的人、事、时、地、物，发生的频率、强度等。从这个脉络去看孩子的问题行为时，可能就更容易读懂问题行为背后的内心需求。

他毕竟只是一个四五岁的孩子，我觉得从他的内心需求出发去了解他，可以帮助我们看懂孩子。当我们看懂孩子的需求之后，再通过技巧性地反映、见证来满足他内在的心理需求，这些问题行为就会明显地改善。如果从一开始就把焦点放在孩子的问题行为上，没有满足孩子的心理需求，那么他的问题行为就很难得到改善。更有可能的是，你在处理问题行为的同时，又在强化他的问题行为。

例如孩子的心理需求就是被关注，而你此时因为他翘椅子的行为提醒他或责骂他，那孩子就会发现如果他坐得好好的，大人不会注意到他，只要他一翘椅子马上就得到了关注，因此你提醒他或责骂他就是在强化他翘椅子的行为。但如果当孩子翘椅子时，你不去提醒或责骂他，而是他一好好地坐在椅子上时，你就去关注他、肯定他，这样几次下来，他就会发现只有端正坐好，才会被关注。这样既满足了他渴望被关注的心理需求，又没有强化他的问题行为。

最后，我想要提醒的是，如果爸爸妈妈只是一味地去处理孩子的问题行为，那孩子的这种问题行为可能在你的各种施压下不再出现，但它一定会转化为其他的问题行为，并且这个新的问题行为只会更严重。台湾有句俗语"严官府出厚贼，严父母出阿里不达 *"，严格的官府反而出现很多小偷，父母太严格了，小孩反而不成材，就是此意。

* 阿里不达：指吊儿郎当，或言行散漫的人。

手足篇

✦9. 哥哥吃弟弟的醋

我有两个儿子，相差两岁。大儿子越大越浑蛋，不听话，也很懒惰。他小的时候很乖很贴心的，只是弟弟出生后，他就开始变了。我记得弟弟出生后，我听朋友的话买了一份礼物给哥哥，说是弟弟送他的见面礼，可是好像没有效果。朋友说，这是因为大儿子在吃弟弟的醋，请问老师我该如何平复孩子的醋意？

感谢你提出了好多父母共同的烦恼与困扰。对绝大多数的家庭而言，手足竞争是很正常的，无法完全避免，因此不要认为哥哥越大越浑蛋。其中你提到有朋友说这是哥哥在吃醋，这个吃醋就是在表达他内心其实是有求于爸爸妈妈的。我把孩子内在的心理需求归纳为亲密需求与自主需求，接下来我就从这两大心理需求来回答你的问题。

试想，当只有一个小孩（哥哥）时，他可以说是万千宠爱在一身，但有了弟弟之后，爸爸妈妈的注意力和爱很多就转移到弟弟身上，甚至爸爸妈妈更多的时间都是在陪弟弟，这样他跟爸爸妈妈的亲密时光就减少了。除此之外，好玩的玩具、好吃的东西、好看的电视，有时还要礼让或配合弟弟，不再是随心所欲，自己的自主性也受到了剥夺。这些当然会让哥哥讨厌与生气！

由以上可知，弟弟出生之后，哥哥的亲密需求和自主需求都受到了影响，这给哥哥带来了很多负面情绪。这些负面情绪如果没有得到纾解，就会压抑、累积在心中，时间久了，哥哥的情绪和言行就会越来越让人受不了。我猜测哥哥不听话、懒惰的背后，其实也很可能是想要得到爸爸妈妈的注意与关爱，同时也想拥有更多的自主性，只是由于这些需求一直没有被充分满足才转换成了大大小小的情绪。

要改善这样的状况，我在此提出以下几点建议来满足哥哥的亲密与自主需求。

（1）要给哥哥一个特别的相处时间。
这个时间只有爸爸或妈妈和哥哥两个人相处，不要数落、责备、提醒，就是聊天、陪伴与关心，这样可以快速有效地满足哥哥的亲密需求。

（2）不要因为有了弟弟而剥夺或减少哥哥原有的自主权益。
简单来说，就是哥哥的兴趣喜好，不要因为弟弟而被干扰。不要说"你是哥哥，就该让着弟弟……""弟弟还小，你是哥哥，应该……"。

（3）要反映出哥哥的亲密需求与自主需求。
当你感受到孩子的言行其实是故意的，那就有很大的可能是孩子想要爸爸妈妈满足他亲密需求或自主需求。因此，你可以反映他的心理需求，如"其实你是要妈妈多陪你一下""弟弟要回家了，但你还是希望妈妈再陪你多玩一会儿"。

（4）创造并反映手足之间友好相处时的互动。
当手足之间有正向的互动时，请勿必要将这个互动反映出来，因为有时候哥哥也会觉得弟弟有不错的地方。

总之，手足竞争问题中，多半是当哥哥姐姐的比较容易被责骂，这让他们已经很受挫了，加上有了弟弟妹妹之后，内在的亲密与自主需求没有被充分满足，就更加有苦难言。爸爸妈妈们多去了解一下他们吧，不要掉入忽略孩子心理需求的泥淖中！

✦10. 两兄弟打架

我家两个男孩相差3岁，他们时常吵架甚至打起来。两人互不相让，有时哥哥故意撞弟弟，弟弟不爽就朝哥哥的脸狠狠地咬下去。每次兄弟俩吵架或打架时，我都会很慌，不知道是该拉开哥哥还是要抱走弟弟。请问老师，当孩子发生争执的时候，我应该怎样处理才比较圆满，不会伤害到兄弟俩的感情？

我很好奇，当你不在家时，他们兄弟俩会怎么样。

第十章 困境与解惑

手足竞争本就是每个家庭普遍存在的议题，只是你家的两兄弟比较激烈一点。即使如此，归根究底还是得处理手足竞争的心理动机，而不只是处理他们的吵架或打架。当然，两兄弟打架看起来可能会导致受伤，你每次看到他们争执时心情都会很慌张，这也可以理解。我在此提供几个行动原则供你参考。

（1）以行动代替言语来制止打架或其他可能会造成伤害的冲突。
当兄弟俩要打起来或已经打起来的时候，你就用具体的行动制止他们。例如迅速将两人分开，运用妈妈的权威让还想动手的一方停下来，等等。

（2）不袒护任何一方，也不要想着解决问题。
处理手足争执事件的目标，就是将兄弟争执的过程客观、具体地还原出来。

> 弟：哥哥先用手打我的！
> 兄：谁叫他抢我的玩具汽车，还咬我！
> 弟：哥哥上次说要借我玩的！
> 兄：谁说的？没有！没有！
> 妈妈：我知道了，弟弟认为哥哥好像说要借你玩具汽车，所以刚才你没问哥哥，就直接拿了哥哥的玩具汽车。哥哥你看弟弟拿了你的玩具，你要他还你，弟弟不还，所以你就用手打了弟弟，弟弟就咬了哥哥。

（3）静默等待后续发展。
让两人在原地安静一小段时间。情绪平静下来之后，理性才会出来。妈妈一定要等着他们自己想出解决方法，而不要去说他们该怎么做，因为你说的任何方法一定会有一方不满意。试问，你是要让哥哥同意借弟弟玩，还是要弟弟将玩具汽车还给哥哥？

再回到一开始我好奇的问题，如果你不在家，他们是会争执得更激烈还是会反而不吵了呢？如果兄弟俩会打得更激烈，那你要直接找心理辅导员做辅导了。但我的实践经验告诉我，多数情况都是等你一回到家，他们就跟你打报告，要你主持公道。其实他们心里要的绝不是什么公道、公平,而是一种拉拢你选边站的"三角游戏"。如果你陷入这样的三角游戏,手足间的争执就不会停,甚至会越来越严重。所以,记得运用上述三个原则,不要再陷入那个手足争宠的心理游戏。

✦11. 姐弟争抢玩具

姐姐(5岁)和弟弟(3岁)的语言能力发展都比较好,但在游戏中因为玩具而发生争抢时,他们会直接上手掐、捏、推倒对方,这时候比较恰当的处理方式是什么?

这个问题是手足竞争带来的困扰。当我们谈到手足相争的时候,有几点需要注意:

第一,我们绝对不让不好的行为发生。生气、难过、讨厌、伤心都可以,但是不可以去掐、捏、推倒对方。当爸爸妈妈看到这样的行为发生时,请不要只是口头制止,一定要采取行动。看到谁要去推对方或是抢对方的玩具,爸爸妈妈一定要走过去,制止他这样的行为。让他知道,他可以生气,但是不能有这样的行为。

第二,要认真倾听两个孩子。当爸爸妈妈制止住那些不好的行为时,如果孩子说弟弟怎样或姐姐怎样,那爸爸妈妈需要做的就是倾听,听姐姐怎么说,也听弟弟怎么说，不要有太多的介入和调停。因为当爸爸妈妈想去介入和调停，甚至去评判谁对谁错的时候，就会制造更多的手足竞争。而且不管爸爸妈妈怎么做，他们两个都不会满意。

第三，更积极的做法是去创造让两个孩子合作的游戏过程。两个孩子单独玩的时候不容易产生合作，这个时候爸爸妈妈就要去设计、创造一个情境，让他们两个一起合作。举一个简单的例子，妈妈或爸爸说："来，我手上藏着你们喜欢的巧克力，你们猜在哪只手里？"让姐弟俩都猜，猜左手、猜右手都没关系，先把没有藏巧克力的手打开："当当当当，没有对不对？好，现在我们都知道在另外一只手里，你们两个要一起努力，把我的手指掰开才拿得到。"这个时候他们两个就必须一起去掰开爸爸或妈妈的手指，掰开之后，你就可以说："看，你们两个一起努力，所以得到了巧克力。"这样就创造了一个他们合作的经验。平常的时候可以给他们多创造一点类似的合作经验。

当然，因为姐弟俩只相差两岁，手足竞争一定非常强烈，要让竞争减少，那就要建立一对一的、独特的陪伴时光，让他们享受这种完全拥有爸爸妈妈的经历。当孩子得到满足的时候，相应的竞争就会减少很多，再加上爸爸妈妈经常创造一些让两人合作的经历，两人的关系就会渐渐变好。

教育篇

✦12. 要不要让孩子学才艺？

我加入了数个妈妈们的社交群，发现她们都非常热衷于让孩子（平均10岁以下）参加各种不同的才艺班，她们称之为"能刺激小孩成长的教育活动"。我原来希望孩子能有较多的自处时间，自己爬树、游戏、骑脚踏车等，但如今有了"比较"，就不知道我的想法会不会"不够积极"，而"害"了孩子的前途。

游戏养育——在游戏中发现孩子的天性与潜力

你会有这样的疑惑就表示你的内心是有挣扎的！你很想让孩子有更多的时间自处，只是看到旁边好多的家长都热衷于让孩子上各种才艺课程，内心有些焦虑，担心会不会让孩子错失了好多学习的机会。

我不反对送孩子去学才艺，各种才艺课程的确在某种程度上能刺激孩子成长。那到底该不该让孩子去上才艺课，或是该上多少种才艺课呢？是不是越多越好呢？每个孩子的特质都不一样，我们该如何拿捏呢？

游戏养育强调"**丰富的游戏过程就是孩子成长的最佳养分**"，这句话指的是孩子参与并投入某个活动，就能在这个活动中学习与成长。但要让孩子愿意持续地投入某个活动，是经常需要爸爸妈妈在一旁陪伴、肯定与鼓励的。

很多孩子在参加钢琴、舞蹈、画画、戏剧、数学、英文等才艺课程时，一开始都觉得很有趣、很好玩，但过了一段时间之后，那个新鲜感及趣味性就降低了或没有了。或学到一个阶段之后，发现回家要做很多相关的练习，如练琴、背英文单词等等，导致孩子不愿意再去上课了，或是上得很勉强、很痛苦。如果上才艺课到最后是这个样子的话，请问这是在刺激孩子的成长还是在抹杀孩子的学习兴趣呢？

在此，我想要表达的是"正确的学习态度"与"成功的学习经验"才是最重要的，而这就需要爸爸妈妈的引导了。绝对不要认为才艺课不是正规的学校课程，就忽略了要在一旁陪伴、肯定与鼓励孩子。针对你的担心，我想说**我们不要只注意到"不能让孩子输在起跑线"，更重要的是"要让孩子赢在终点"。**

✦13. 抗拒上学

我的孩子今年刚上小学，因为适应不良，常被老师指责、惩罚，导致他开始抗拒上学。这样下去，我的小孩会不会在不久后产生厌学情绪？究竟我们家长该怎么做，才能让孩子在现实环境中有正面的成长，同时还他童年的快乐？

孩子上小学是人生成长过程中一个很重要的里程碑。对孩子而言，开始离开爸爸妈妈的呵护与照顾，学习与人互动、遵守规范，同时还要完成许多学习任务。要知道光是"上学"对一个 6 岁的小孩而言，就已经是一个重要任务与挑战了，如果在学校又适应不良或被老师指责、惩罚，那孩子就会有很大的压力。

人在面对压力时的反应机制有两种，面对或逃避。我们也知道只有"面对"压力事件，才有可能真正地解决问题进而解除压力。所以，要让孩子有正面的成长及快乐的童年，就要引导孩子面对上学这个压力事件。

要怎样才能让人愿意面对压力、接受挑战呢？有两个关键因素，第一个是能力，第二个是支持。当能力真的不足以应对压力时，谁敢去面对呢?! 有了能力，又感受到被支持，才会更有勇气去面对压力事件。

从家庭或幼儿园相对轻松、快乐的环境，转换到一个比较严谨的学校环境时，孩子会有很多地方需要调适与学习。以下是评估孩子是否能适应学校环境的几个能力指标：

（1）他能胜任学校的课程与作业吗？

（2）他对于老师的规定与要求，真的都听懂了吗？
（3）他认识了新的同学吗？
（4）他交到了好朋友吗？
（5）他的某些特质或习惯被老师知道与了解了吗？

如果你的孩子欠缺以上某些能力，请你花时间培养孩子的这些能力吧！实际上，绝大多数的孩子不是没有这些能力，而是他的这些能力被卡住了，而卡住的关键多半是他还停留在家庭或过去幼儿园的经验里。此时爸爸妈妈要做的，就是引导及聆听孩子说出卡住能力的种种原因。当你能引导孩子将这些卡住的阻碍去除时，相信他就会比较好地适应学校。

最后要说的是，孩子在小学一年级出现抗拒或畏惧上学是很自然的，爸爸妈妈不用那么担心或焦虑，要相信你的孩子是有足够的能力的，你要做的就是了解与支持他。送给你一句话："**了解与支持始于用心聆听**。"

✦14. 班上的捣蛋学生

我是一位托管班的新老师，在这里上班两个月了，最让我头痛的是班上一个很捣蛋的男生。每次上课的时候，他都不能安安静静地坐着听课，总是走来走去，不然就是捉弄同学。总之有他在的话，整个班的秩序都会被他搞乱。请问老师，有什么方法可以让这个孩子乖乖上课吗？

想必你是一位认真负责的老师。在回答你的问题之前，我想先分享我辅导孩子二十年多年的一个心得，那就是"**孩子的行为一直让你困扰时，请静下来思考：孩子内在的心理需求是什么？**"当我们能接触到甚至满足孩子的心理需求时，他的那些让人困扰的行为才有可能消除。

我将孩子的心理需求分为两大类：自主需求与亲密需求。此处也从这两个需求来

第十章　困境与解惑

探讨这个学生的行为。

他走来走去或是捉弄同学，或许是想要引起你的注意，"叫我啊！骂我啊！都没关系！你就是要把注意力放在我这里！"或许是想告诉你"我不想上课，我就是没兴趣上课，根本不是我要来上课的，是爸爸妈妈逼我来的，所以我不能不来，但我可以不配合！"，又或者他既想要引起你的注意，同时又在表达"我就是可以做我想做的事情"。

孩子的那些很让大人困扰的行为经常都是两种需求混杂在一起，只是比例轻重不同！遇到这样的孩子，不要一直在课堂上纠正或处罚他，而是要先在课外时间建立一些你跟他正向的互动模式。这些模式就是在满足他的自主与亲密需求，如此才有可能在他出现捣蛋行为时，用这些正向互动模式来矫正。具体说明如下：

（1）创造一些机会使他有好的行为表现，让你可以给他正向的注意及肯定，如帮你倒水、擦桌子、发作业本、丢垃圾等。当他做了这些事时，立即具体地描述他的行为过程，如"谢谢你帮老师去茶水间倒水！""谢谢你帮老师发作业本给同学，我看到你是一个一个地走到他们面前发给他们的！"。你也可以在描述过程时，拍拍他的肩膀、握握他的手或做一些其他适当的身体互动。

（2）不要用责骂或处罚的方式制止他上课时的捣蛋行为，而是以一种不具威胁的具体行动来引导孩子符合规范。因为你在平常鼓励他时有牵他的手、拍拍肩膀或其他适当的正向身体互动，所以当他上课又走来走去的时候，你就可以牵着他的手引导他坐到位置上，过程中情绪要平稳。由于这个牵手的互动在孩子心中是一种正向的感受，所以会很有效果。

（3）当你落实前两个步骤一段时间后，理论上孩子会有一些小的进步，虽然他有时会配合你，有时又不是很配合。请记得当他有进步时，你要像第一个步骤那样，私下进行肯定、鼓励及正向的身体互动，直到他的行为很稳定地符合规范时，再公开表扬。因为太早公开表扬，他会有压力，反而会起反作用。

青春期篇

✦15. 脾气暴躁

我有 3 个孩子，因为工作关系，大女儿从小由保姆照顾，直到二女儿出生我才辞职专心照顾孩子。大女儿升上中学后，脾气越来越暴躁，一点儿小事就摆臭脸，而且对弟弟妹妹的态度也不耐烦。请问老师，我的孩子到底怎么了？

你的问题是全天下所有青少年父母共同的困扰，不用太担心或紧张。你可能认为大女儿从小被保姆照顾，你没有好好地陪她，所以对她产生了影响，或许这是其中一个原因，但我觉得你可以先来了解一下正值青春期的大女儿。

人的成长过程到了中学阶段本来就很复杂，因为他们同时面临：

（1）身体的转变；
（2）学业的压力；
（3）对未来生涯的茫然、不确定；
（4）对自我的了解与统整，也就是要了解自己是一个怎样的人。

这每一项都会带给青少年很大的压力。处在青春期阶段前期的孩子，容易不耐烦、暴躁，可以说是很正常的。从你简短的描述中，可以感受到大女儿可能会嫌弟弟妹妹吵、幼稚，嫌自己不好看。回到家没什么话好说的，跟朋友却可以聊上几个小时，关心她也嫌爸爸妈妈唠叨、管太多，有时还会顶嘴、不听话、摆臭脸……这些真的都很正常。那身为爸爸妈妈的我们该怎么办呢？就随她这样吗？当然也不是，在此，我要介绍"一个认识、两个态度、两个行动"来帮助爸爸妈妈陪伴青春期的孩子。

"一个认识"：爸爸妈妈不可以再用以往的方式跟青少年互动，孩子长大了，不一样了，所以我们也要改变。

"两个态度"：爸爸妈妈需要给孩子更大的空间让孩子自主并肯定孩子的努力。

自主：这个阶段的孩子在学习独立，很需要自主的体验。当你放手让她自己决定时，她反而会靠近你。你越是要掌控，她越是会反抗，因为这时候的反抗就是在证明她可以自主。

肯定：当孩子自主做了一些决定时，爸爸妈妈要肯定、鼓励她努力的过程，如此她会更努力，也会觉得你是支持她的，她就会对自己更有信心。她越能感受到自己是一个有能力、有用的人，她的自我就统整得越好，叛逆期就会逐渐地消失。

"两个行动"：爸爸妈妈可以用具体的行动表达对孩子的支持，关心孩子时用语要简洁。

行动的支持胜过口头提醒：当你要提醒孩子做某些事情时，转个念头吧，用行动体现对她的支持！例如要提醒孩子考试就要到了，不如端一杯果汁给孩子喝。

以简洁明确的关心替代过多的询问：此阶段的孩子仍然需要爸爸妈妈的关心，但爸爸妈妈不能用太多的询问来关心孩子，一句简单的"加油"可能比问她"怎么了"还要有效。

✦16. 亲近朋友，疏远父母

我的两个孩子（一男一女）自从升五六年级之后，就重视与朋友的相处多过重视与我们父母的相处，宁愿和朋友去打球，也不要和我们一起庆祝生日！我们好像跟孩子渐行渐远，感觉十分失落。难道是这十几年来我们四处奔波，忽略了经营与孩子的关系？如今我们还能为这份失落的关系做出哪些努力呢？

游戏养育——在游戏中发现孩子的天性与潜力

我想这个问题可以从两个角度来探讨，第一个是孩子重视与朋友的相处本就是他这个成长阶段的重要任务。如果你的孩子整天关在家里，没有朋友，也没有社交生活，我想这才令人担心。另一个角度就是孩子太重视朋友而与家人渐行渐远，让你越来越无法了解他的言行、想法、感受，而让你担心、焦虑，有失落感。这的确是一个两难的问题。

首先，我们要了解每位孩子在成长过程中，他内在的"亲密"与"自主"两大需求也一直在发展并寻求平衡。一方面他还是需要被了解、被照顾、被肯定，另一方面又要有自主的权力，可以自己做很多决定。这两种需求之间会产生很微妙、复杂的动力，且经常是矛盾的。你的两个孩子已经处于青少年阶段了，其实他们很希望你能了解他们、支持他们的想法或决定，但同时又希望你不要管得太多，于是很多情况干脆不让你知道。然而不知道他们的情况，又如何能了解与支持他们呢？！这时他们又会觉得爸爸妈妈不了解他们。有时我们很难搞懂青少年在想什么，就是因为他们自己也陷在矛盾与冲突中！

在了解青少年有这样的一个心理机制之后，以下有几点建议可供爸爸妈妈参考。

（1）空间：请你给予孩子更大的空间与自由度，容许他可以有新的选择、新的决定。只要他不伤害自己、不伤害别人，就勇敢地放手让孩子去做吧，因为这是成长必经的过程。

（2）支持：支持他的选择，关心他的决定。青少年虽然有自主决定的需求，但真的要做决定时，他也会很怕失败与挫折，此时，他是需要爸爸妈妈的支持与关心的。

（3）关心：请以具体的行动表达对孩子的关心，而不是更在乎孩子的表现及孩子做决定后的结果。有时孩子的决定会带来不那么好的结果，请不要指责他！因为此时他更需要的是你的关心。

青少年本身就是在经历一个充满矛盾与冲突的过程，给予他们空间，支持他们的选择及具体地表达对他们的关心是每位爸爸妈妈的功课。

✦17. 给青春期的孩子设限

对于青春期或进入叛逆期的孩子，如何与他们谈设限？

青春期的孩子，常常不喜欢被约束。在这个阶段，孩子有更高的自主性，同时也在自我统整，他要了解自己到底是一个怎样的人，适合做什么，能力是什么，因此我们要给予他更高的自由度。虽然我们允许的自由范围要变大，但不是说不能对孩子设限，其实这个阶段的孩子也需要规范行为。

只是在给青春期的孩子设限之前，一定要先把界限讲清楚，让他很明确什么可以，什么不可以，红线在哪里，以及绝对不能踩到这个红线。如果没有事先和孩子约定好界限在哪里，而是事发后再去约束他，那孩子经常会有很大的反应。在事先约定好的范围之内，我们要适当地放手，充分满足他对自主和自由的渴望，这样我们的设限才可能不会带来太多的冲突。

我们还可以从另外一个角度来看孩子的叛逆。青春期的孩子自主性高了，也想要证明他是有能力的，如果他在很多方面都感到受挫，那他的对立与反抗就会特别严重。因为他在自我统整的过程中，找不到他的强项和能力，找不到一个属于他的舞台，于是他就会通过对立、反抗来证明自己的能力。因此给青春期的孩子设限时，我们更要注意去寻找、创造并培养他的优势。孩子越有成功的经验，越有展现能力的机会，他的对立与反抗就会越少。

我们发现，很多在学校里成绩还不错的孩子，其实他们的对立与反抗是相对比较弱的，叛逆、反抗得特别强烈的反而是在学习上没有成就感，也没有好的人际关系，还经常被老师和爸爸妈妈骂的孩子。

因此，当我们面对青春期的孩子时，一方面要给他自由并事先约定好具体的界限，另一方面要给孩子创造成功的经验。这些成功的经验不只体现在学习上，也体现在生活的方方面面。孩子有越多的成功经验和展现能力的机会，他的反抗就会越少。

父母篇

✦18. 工作与陪伴孩子的两难

我是自由工作者，为了不错过孩子的成长黄金期，就将两个孩子（一个 5 岁，一个 2 岁）带在身边，陪我一起工作。只是我发现这么做有一定的问题，那就是有时工作很繁忙，孩子又在闹，我气在心头就会骂他们。我知道这样做不对，但情绪一来很难控制，请问我可以如何处理？

你提了一个很重要的问题，也是新一代的妈妈常有的挣扎与矛盾。"把握孩子成长的黄金期"或"不要错过孩子的童年"等观念不能说错，但也不要让它们成为一种困惑或压力。爸爸妈妈都在上班，就错过了孩子的童年或成长黄金期吗？骂孩子、打孩子就破坏了他们的童年吗？我想应该不是这样的！

那要做到怎样才叫"把握孩子成长的黄金期"或"不要错过孩子的童年"呢？这就很难具体回答了！但的确有一个重要的原则要把握住，那就是我们要做一个"刚刚好"的爸爸或妈妈，而不是要做一个"100 分"的爸爸或妈妈。就好像水果，成熟度不够时，水果吃起来会很酸、很涩，可如果太过成熟，水果又变得太烂或发酵变酸，只有"刚刚好"时才最甜美、最好吃，品质也是最好的！

心理咨询专业的培养理念告诉我们，要当一个"刚刚好"的老师、"刚刚好"的情人、"刚刚好"的爸爸妈妈，当你在某个角色中想做得很好甚至非常好，就会没有自己！做得不够好或非常不好，就无法给对方安全感与稳定感。

什么叫作"刚刚好"的爸爸妈妈呢？我觉得有两个重要原则要把握住：

（1）"留白"是最美的。
空间与距离会带来美感。保有自己的空间与主体性时，美丽的事情才会发生。像你在工作，同时又在照顾小孩，那就没有属于自己的时间与空间，这会使人精疲力竭的！也难怪你会陷入一种挣扎、冲突的情绪中。因此，强烈建议你要划分出工作、陪小孩与自己的时间的界限。

（2）"刚刚好"的标准在于陪伴的"质"而不是"量"。
在你的身心状态平稳之后，可以运用"停、看、听"的技巧专注地陪伴孩子。你要做到"停"下手边所有的事情，"看"着你的孩子，"听"着他的描述，这样你就会是一位刚刚好并且能提供有品质陪伴的爸爸或妈妈。

爸爸妈妈是人，不是神！既然是人，就会有情绪，会有疲累的时候，也需要被了解、被鼓励、被照顾。因此，要记得有空间才能创造出美感，即使是全职妈妈也要留一点时间与空间给自己。

◆19. 忍不住口出恶言

我小时候成绩不是很好，现在当了母亲，每当看到孩子（一个8岁，一个10岁）成绩不好时，我其实很理解那种不好受的心情，偏偏说出去的话却很恶毒，总是让孩子更加难受。其实我对丈夫、对同事，有时候对父母也会这样。我不知道为何我不能控制我自己。

你的内心常常充满矛盾与冲突吧？你知道吗，我看到你有一个很值得称许的优点，那就是你很坦诚地面对自己的缺点。这真的很不容易，先给自己一个赞吧。

我从你的描述中感受到的是，你的内在似乎有着很深很深的创伤。你是很接纳自己，还是也会恶毒地批判自己呢？你认为自己是一个很可爱的人吗？还是有时也很讨厌自己？

我猜你对自己可能也不是很友善，不是很接纳。其实，你想要控制好自己，前提就是要先接纳自己！要能接纳自己，请先坦诚地面对自己成长过程中的负向经验吧！我觉得坦诚面对自己的伤痛可能需要专业人士的协助，这里可以提供几个方法，便于你在生活中练习与实践。

（1）请找个安全、不会被干扰的地方，写出一个人没做好某件事情而被责骂时的感受与心情。可以直接描写心情，也可以用比喻的方式表达，如"像一只流浪狗似的被追打"，还可以用涂鸦的方式涂在纸上。

（2）做完上述的活动时，给自己一些正能量，请大声地对自己说出正向的话，例如"虽然我曾做错过事情，但我仍然值得被爱""我知道我已长大，我愿意全心全力地关心我内在的这个小小孩"。

（3）有时可以去想想小时候的自己可曾有过一些小小的期待，如吃巷口卖的冰棒、有一件小洋装、拥有一个洋娃娃等等。如果你能力允许，或许可以替小时候的自己完成这些小小的期待。

（4）当你为自己做了上述的任意一件事后，请你闭上双眼，想象自己正被一个像天使般的人温柔地拥抱着。

当你每完成一次上述的活动，就请给自己一个大大的赞！"我真的很棒！""我真的值得被肯定、被爱！"我知道你有时候还是无法控制好自己，会对亲爱的家人说出一些不好的话，但请停止责骂自己吧！好好地欣赏与疼爱自己吧！或许当你感受到自己也是一个很值得被爱的人时，你就更懂得如何对你的家人说爱语了！

◆20. 常以"打岔"转移孩子注意力

我发现我和家人比较常用"打岔"的方式对待孩子,有时候有些小问题孩子正在纠结,家长会岔到别的事情上转移孩子的注意力,但是我担心这样会让孩子以后也用打岔的方式面对问题。我的担心有必要吗?如果对孩子有不好的影响,我现在该如何调整呢?

我们常会看到有些爸爸妈妈面对孩子哭或者闹情绪时,就拿个玩具给孩子,或是给孩子吃东西、扮鬼脸、说笑话等,以此转移孩子的注意力。其实,我不是非常鼓励用这样的方式来处理孩子纠结的情绪。我还是比较建议优先反映孩子的情绪或是想法,然后留一点时间让孩子处理他的情绪,我称之为"留白"。

人的情绪被了解与接纳之后,不会马上消失,而是需要一小段时间来调整,并且越强烈的情绪需要的时间就会越长。其中的调整过程是需要当事人自己经历的,身为旁观者的我们可以做的就是陪伴与等待。

所以我鼓励的因应方式是:

(1)先反映孩子的情绪及想法。
(2)接下来留一点时间给孩子来调整他的情绪。
(3)然后陪伴与等待,其实也就是在陪伴孩子转换情绪之后,看他会做什么。

例如,孩子已经吃了糖果,却还吵着要吃糖果,你不再给他糖果了,他就开始哭、闹或一直吵着要吃。你温和而坚定地坚持界限,尽管孩子会哭泣、吵闹,但只要没有自伤或破坏的行为出现,就适合留白。通常吃糖果这种事情,过一会儿孩子就不哭了,可能就自己去玩玩具了,有时孩子会走到妈妈身边,看着妈妈,其实他是想要妈妈的关注,接下来你就可以帮他擦脸、擤鼻涕。如果孩子已经不哭不吵了,也可以抱一下孩子。

在这个过程的留白中，孩子就是在学习调整、管理自己的情绪。如果你选择用打岔的方式转移他的注意力，或许当时孩子因为转移到他有兴趣的事物上而不再有情绪的纠结，但同时你也剥夺了孩子学习调整、管理自己情绪的机会。

面对孩子的情绪纠结，处理原则就是坚持界限、反映情绪和留白。实践几次之后，会发现孩子管理及调整自己情绪的能力会越来越强，也就会成为一个高情商的孩子。

✦21. 零用钱

孩子有零用钱基本是几岁开始呢？现在孩子 5 岁，我们每周给他的零用钱是 50 块，其中 10 块存起来，10 块留着帮助别人，30 块自由支配，比如买零食、玩具之类的。如果他帮忙做了一些事，比如帮妈妈洗碗啊，或者是在修东西时帮忙，这个时候想给他几块钱鼓励他，但又不知道这样会不会让孩子挣钱成瘾，想问老师什么方式更好呢？

首先，我非常赞成让孩子学习零用钱的自我管理。需要注意的是自我管理里面也要有一些界限，同时要保有一种弹性跟自主性。有约束，有界限，又有自由度，我觉得这样的自我管理对孩子非常好。

再就是，如果孩子帮忙做一些事情，我支持对孩子的好行为给予鼓励，但为什么要用给钱的方式呢？就连你自己也表露出内在的一个矛盾，就是担心孩子会不会变得挣钱成瘾。更重要的是，当孩子习惯了你用钱作为奖励，以后你再要求孩子做事情，孩子可能都要跟你谈价钱！比如"妈妈，我帮你洗碗，多少钱？"。

每个孩子的内在都有亲密需求，他渴望被爸爸妈妈看到、被爸爸妈妈肯定。因此，孩子很期待跟你在一起，很愿意帮你做事情，这样可以跟你有很多的联结，同时他也期望得到你的肯定。但是如果你只给予孩子金钱或物质上的满足，一次、两次、三次之后，孩子心理上的亲密需求转换成物质上的需求，那真的好可惜呀！

还记得那个心理学实验吗?实验者找了一群都喜欢画画的孩子,将他们分成 A、B、C 三组。A 组的小朋友从一开始到最后,什么奖品都没有。而 B 组的小朋友,实验者一开始就跟他们说:"你们画完画之后,都会有一个奖品。" C 组的小朋友一开始没有奖品,但几次之后也开始有奖品。这三组小朋友每周去画一次画,连续画了三个月之后,实验者做出了一个调整,三组小朋友全部都不给奖品。自此,三组小朋友画画的动机、动力及投入程度出现很大的差异!表现最好的是从头到尾都没有给任何奖品的 A 组,表现最不好的是一开始就有奖品的 B 组。

B 组的孩子之前有奖品,现在却没有奖品,画画的动机就弱了。但一开始他们都是喜欢画画的孩子,是什么让 B 组的孩子画画的动机变弱了呢?我想我已经回答这个问题了。

当我们能够满足孩子的心理需求时,他们做事情的动机与动力是自发的。因此,当孩子有一些好行为时,你只需要立即具体地反映出孩子的行为,例如"妈妈看到你帮忙把垃圾拿去丢了!""噢!你把客厅扫干净了!""你把晚餐的碗盘都洗干净了!",然后再说"来!妈妈抱一下!",这样满足孩子的亲密需求就够了。

实践分享

✦ 二胎家庭中的争宠

身为二胎家庭的家长,你会不会经常遇到俩娃争宠的情况呢?手心手背都是肉,如果处理不好争宠的问题,很可能是两边都不讨好。

举个发生在我家的小例子。我家有两个孩子,哥哥5岁,妹妹3岁,每天晚上一起在浴缸里洗澡。浴缸里放了好多玩具,他们可以非常愉快地在浴缸里一起刷牙、洗澡、聊天、玩耍长达半个多小时。

玩够了之后,问题来了:俩娃都希望我先抱他(她)起来,可是,我体力有限,一次只能抱一个,怎么办呢?如何做到公平呢?

一开始,我想到的办法是:和俩娃约定,今天先抱一个(谁先叫的我,我就先抱),然后明天先抱另一个,依次轮流下去。

这个方法,看似公平,但是效果却非常不好。今天先抱了哥哥,哥哥很开心,可是妹妹就闷闷不乐;明天先抱了妹妹,妹妹又喜笑颜开,而哥哥就满脸不愉快。可能是孩子觉得要等待一天才能轮到她(他),过程太漫长了吧!

于是,我又尝试了另一个方法:抛硬币!由俩娃制定规则:正面朝上先抱谁,反面朝上先抱谁。俩娃商量好后,我开始抛硬币,然后按照他们商量好的规则执行。这样做的效果比第一个方法好一些,但仍然不是特别理想,后面抱的那个还是不太开心,因为输了嘛!

机缘巧合,我有幸参加了郑如安老师在深圳举办的"游戏养育父母工作坊",两天的时间里,我对孩子的情绪、心理需求以及界限有了更透彻的理解。我开始思考如何把郑老师的理念应用到实际生活中。在处理"洗澡争宠"这个问题上,我考虑到了郑老师所讲的"儿童的两大心理需求"。首先,满足孩子的第一个心理需求,我要"看到"他们。

于是,我说:"噢,你们都洗完澡了呀,都想妈妈先抱起来,是吗?"

俩娃都点头,异口同声地说:"嗯,是的,妈妈,先抱我起来吧!"

我说:"嗯,妈妈知道了。"

接下来，要开始满足孩子的第二个心理需求了，我要相信他们，邀请他们"自主"地解决问题。

于是，我继续说："妈妈很爱你们两个，但是呢，妈妈体力有限，一次只能抱一个，另一个要等一会儿。请你们俩商量一下，妈妈先抱谁起来。"

他们听了，还是异口同声地说："我要先起来！"

我就说："嗯，看来你俩还没商量好，那我忙别的去了。"（即不参与，留白）

过了一会儿，哥哥说："妈妈，我们商量好了，妹妹先起来。"挺出乎我的意料，我心想挺有哥哥样儿的嘛！但我嘴上可没这么说，我可不能让哥哥觉得，哥哥就应该让着妹妹。

哥哥和妹妹，地位必须是平等的！有些家长喜欢说："你是哥哥，应该让着妹妹。"家长说得轻松，殊不知，这会引起哥哥对妹妹的怨恨！哥哥会想："凭什么我就应该让着妹妹呢？就因为我早出生了两年？这出生顺序，你们也没和我商量呀！如果没有妹妹，什么都是我的，我讨厌妹妹！"

言归正传。在哥哥同意妹妹先起来之后，我微笑着肯定了哥哥："哇，哥哥让妹妹先起来呀！哥哥好爱妹妹呀！"

哥哥听了，喜笑颜开。

我同时问妹妹："请问你需要对哥哥说什么呀？"

妹妹开心地说："谢谢哥哥！"

于是，他们就这么愉快地洗完澡了！

之后，连续两天，哥哥都是让妹妹先起来，过程也都很愉悦。到了第四天，我也不知道他们怎么商量的，结果变成了哥哥先起来。

我很诧异，就又向妹妹确认了一遍："你同意哥哥先起来？"

妹妹开心地说："是的，妈妈，我同意哥哥先起来！"

于是，我又用同样的方法，肯定了妹妹："哇，妹妹让哥哥先起来呀！妹妹好爱哥哥呀！"

妹妹非常外向，听到我这样说，非常开心地亲起哥哥来！

哥哥被亲得直笑："哎呀，妹妹，不要亲我了！好痒呀！"

我同时也提醒了哥哥："请问你需要对妹妹说什么？"

哥哥笑嘻嘻地说："谢谢妹妹！"

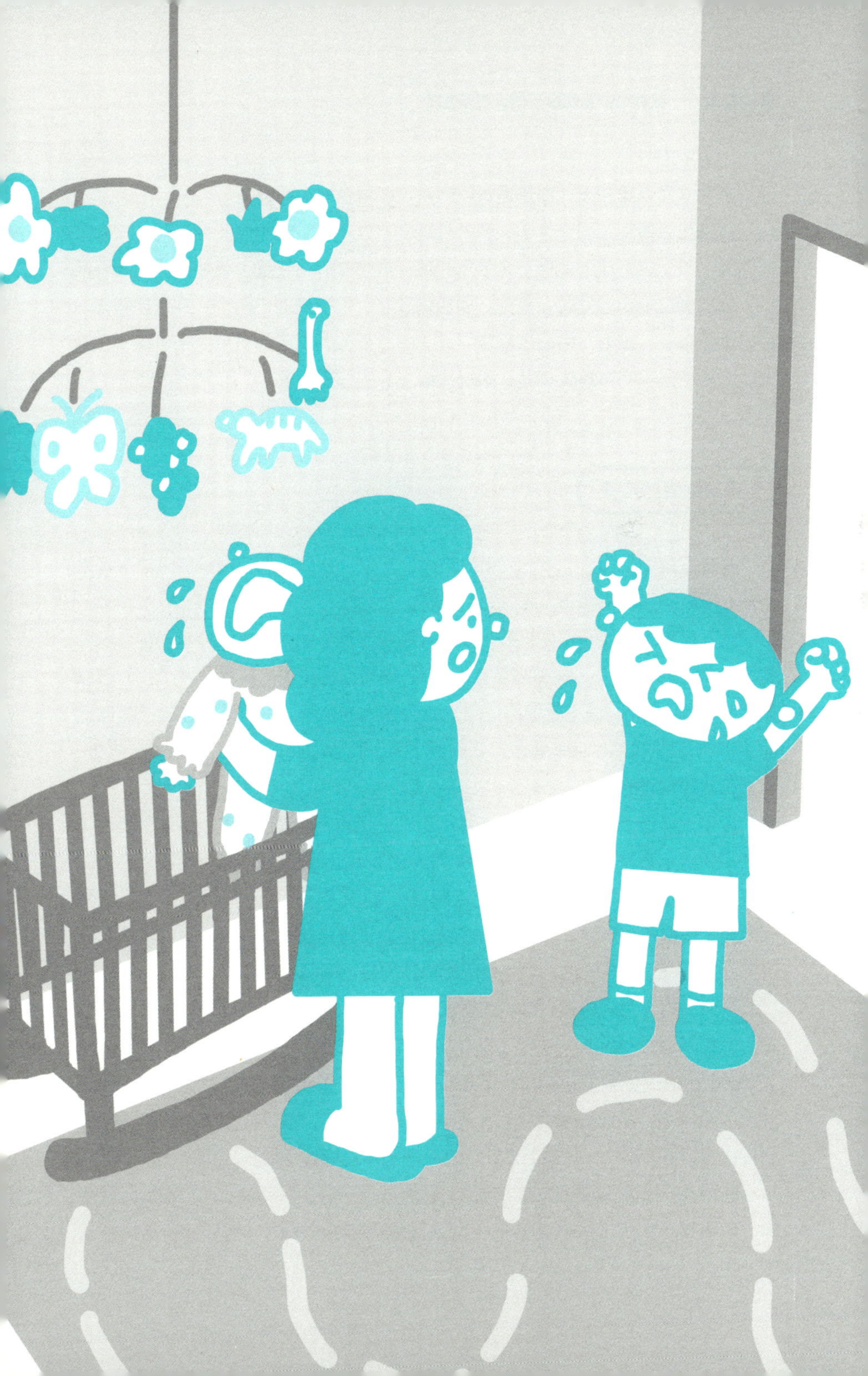

之后，又连续几天，都是哥哥先起来，过程也都很愉悦。

大家可以看到，同一件事，家长处理的方式不同，结果就完全不同。二胎家庭的两个孩子之间关系如何，全看家长的引导方式是否正确。我现在的实践心得是：处理俩娃争宠的问题，首先，要告诉孩子，你很爱他们两个，并且是同样地爱，满足孩子"被爱"的心理需求；接下来，把问题交回给孩子，相信孩子，邀请两个孩子自己商量解决，满足孩子"自主"的心理需求。

✦ 患多动症的儿子

我先生是职业军人，平日 24 小时都不在家，并且夫家和娘家都无法帮我带小孩，所以我只能单独一人照顾两个儿子。

大儿子的个性属于"少根筋"类型，不仅忘东忘西（一年级外套和背心已经丢了 3 件，水壶可以 3 天都忘了带回家），做事拖拖拉拉（写作业一个小时可以只写 3 个字），还管理不好情绪（常常误会别人的意思，生起气来会自己打自己的头），所以学校常常会联系我。长时间下来，我心力交瘁，精神常常处于紧张、焦虑和暴躁易怒的状态。

今年二年级上学期结束时，大儿子的班主任建议我带孩子去检查是否有"注意缺陷与多动障碍"（ADHD，也就是常说的多动症），我就带孩子看了医生。医生在看完老师所填写的表单后，便告知我："这就是了！"于是我儿子就开始服药。我心里真的很难过，也不太能接受，但为了避免孩子再自我伤害，再被老师讨厌，我选择让他先服药，但我也因此开始问自己问题出在哪里。

很幸运地，我遇见了生命中的贵人郑老师。在郑老师的课程中，我体悟到很多，例如多看孩子的优点，给予具体的赞美，不要说"还有……没做"，而是说"已经做了……"。我把这些技巧运用在陪伴孩子写作业上，对孩子说"哇！你已经写了两行啦！动作好快啊，而且写得很漂亮呢！"，发现效果奇佳，孩子感受到被肯定，更有信心，也更努力！当然亲子关系也变得好很多。

还有，安排固定时间陪孩子玩时，我发现孩子是会期待的，而且情绪比较平稳。这学期，大儿子的班主任就一直跟我说孩子进步很多，另外还有两位科任老师也说孩子有明显的进步，我安心多了。其实，后来想想，最该改变的是我自己。孩子其实都是受父母影响最深，妈妈情绪暴躁易怒，孩子也会如此，所以当父母的要多多自我觉察和学习。跟郑老师学习游戏养育让我觉得很轻松、没压力，所以也很愿意敞开心扉去学习跟反省，而且郑老师教的方法很实用，不会让人觉得只是纸上谈兵。真心希望能"经常"参加郑老师的课程，因为当父母的要常常"充电"，不然电没了，火就上来了……

湖 岸
Hu'an publications®

选题策划_ 湖　岸
责任编辑_ 郭佳佳
特约编辑_ 张　静　张引弘
营销编辑_ 王翔宇
装帧设计_ 王柿原
内文制作_ 陆宣其
责任印制_ 刘玲玲

🐦 @huan404
🐛 湖岸 Huan
www.huan404.com

联系电话_ 010-87923806
投稿邮箱_ info@huan404.com

感谢您选择一本湖岸的书
欢迎关注"湖岸"微信公众号